世界的扬州·文化遗产丛书

2500年，战争与和平的交响

——扬州瘦西湖文化景观的历史断代研究

编　　委：
　　　　　董玉海　顾　风　冬　冰　张福堂　赵御龙　汤卫华
　　　　　刘马根　徐国兵　姜师立　刘德广

总 编 辑： 董玉海
主　　编： 韩　锋
副 主 编： 冬　冰　刘马根

著　　者： 罗　凯

组织编撰机构：
　　江苏省扬州市文物局（扬州市申报世界文化遗产办公室）

课题承担单位：
　　同济大学风景科学研究所　同济大学景观学系

课题组成员：
　　　　　王鑫磊　朱莉丽　邓　菲　罗　凯　李文敏　杨　晨
　　　　　刘悦来　宋艳霞　林　云　岑孟旦　邵　静　李　辰
　　　　　徐婧舒　陈　青　杨　曦　缪凌琰　吴津锋　黄俊彪
　　　　　石晶晶　张轶佳　马　芳　许吴彬

东南大学出版社

图书在版编目（CIP）数据

2500年，战争与和平的交响：扬州瘦西湖文化景观的历史断代研究/韩锋主编.—南京：东南大学出版社，2013.3

（世界的扬州·文化遗产丛书）

ISBN 978-7-5641-4123-3

Ⅰ.①2… Ⅱ.①韩… Ⅲ.①风景区—断代学—研究—扬州市 Ⅳ.①K928.705.33

中国版本图书馆CIP数据核字（2013）第036722号

书　　名	：2500年，战争与和平的交响
	——扬州瘦西湖文化景观的历史断代研究
出版发行	：东南大学出版社
社　　址	：南京市四牌楼2号　　邮　　编：210096
出 版 人	：江建中
责任编辑	：戴　丽　杨　凡
网　　址	：http://www.seupress.com
印　　刷	：利丰雅高印刷（深圳）有限公司
开　　本	：960mm×650mm　1/16　印张：10.5　字数：134千字
版　　次	：2013年3月第1版
印　　次	：2013年3月第1次印刷
书　　号	：ISBN 978-7-5641-4123-3
定　　价	：38.00元
经　　销	：全国各地新华书店
发行热线	：025-83791830

本社图书若有印装质量问题，请直接与营销部联系。电话（传真）：025-83791830

序

郭旃　国际古迹遗址理事会（ICOMOS）副主席

满怀欣喜祝贺《世界的扬州·文化遗产丛书》成书，发行。

关于扬州，古往今来，不知有多少记录和描述。

这次，史无前例地，是在世界遗产的语境中，从全人类文明史发展进程的角度和高度，对扬州所可能具有的世界价值进行新的探讨；是对扬州的过去和现在广泛、深刻的再发现，再认识；是在吸收新的考古发现和研究成果的扎实基础上，梳理和依据确凿的事实和深邃的内涵，进一步发掘、升华和弘扬她的历史成就和当代意义；也是对扬州文化遗产保护新的全面推动、引导、促进、加强和发展；并将影响到扬州以外相关的方方面面。

世界范围的对比，是彰显一个文化、一处文化遗产组合的特质、意义和价值最令人信服的一种途径和方式。

千百年来，不同文化、不同族群、不同地域之间的和平交流和融合，始终是促进人类文明整体进步和繁荣最重要、最明显、最富有成效、不可或缺的因素之一。海上丝绸之路因而受到了联合国教科文组织一致、高度的重视；也因而，有了上个世纪八十年代末、九十年代初来自全球的学者和政府代表对丝绸之路的国际联合考察盛举。

扬州不仅在海上丝绸之路中熠熠生辉，而且牵挂着陆地丝绸之路的远行……

运河作为人类文明交流、沟通的动脉，是人类历史上最伟大的工程和创造。其对文明社会发展的保障和贡献，犹如循环往复、融会交流的大动脉；在古代社会，其作用和意义更是无与伦比。

国际公认，中国的大运河无疑是运河中最伟大的一个。无论悠远的过去，还是磅礴的现在，中国大运河对于人类文明进步的影响和作用，都值得全世界赞叹和借鉴。

有国际同行深思和探问，可以看出，西方很多运河都体现出中国运河的古老技术和成就。但是，无论是已经被列入《世界遗产名录》的，还是那些其他的运河，迟于中国运河千余年的她们，是何时，经过何种途径、方式和过程，实现了跨世纪的引进和移植，还是一个谜。

而无论这个千古之谜的答案会有多少，可以肯定的是，和大运河的初创与发展始终密不可分的最著名城市扬州的千年风流，都会是谜底中一幅华丽的篇章。

也有哲人讲，作为人类最杰出成就之一的大运河对于沿岸历朝历代的人民来说，"不是生母，就是乳娘"。作为不同经济、文化发展区域结合点和特殊地理、水域汇合处的扬州，在运河初创和形成过程中的关键地位和作用，和她伴随运河而促生、延续与蓬勃扩展的繁荣，使得她无论在城市格局、建筑、规模、风貌，还是在融汇北雄南秀的综合文化内涵与人文气质，乃至政治经济地位和影响力等各个方面，都独占运河城市的鳌头。以致有国际同仁感叹，世界上再也找不出哪座城市，如扬州般与世间一条最伟大的运河如此相辅相成，造就如此的人间昌盛和永恒。哪怕是驰名的运河城市，荷兰的阿姆斯特丹。

说到扬州融汇的"北雄南秀"，还会想到她历史上特有的庞大的盐商群体，盐商文化，可追溯到战争与和平的瘦西湖，那独具一格的扬州园林，以及这一切关联着的社会政治经济制度和变迁。

世界遗产事业作为人类深层次、高水平、多维度大环保事业和人类可持续发展战略的一部分，不分民族、地域、国度、政体，受到普世的关注、重视、支持和热情参与，长盛不衰。

扬州丰富的内涵、特色和潜质，给扬州争取世界文化遗产的国际地位带来了极大的优势，但也造成了"纠结"——多样的可能和选择，多种机会，但可能只能优先选一。这体现在本丛书的内容和章节中，分出了几大类：瘦西湖、大运河和海上丝绸之路。

一般单从世界遗产的申报来讲，考虑到世界遗产申报的组合逻辑，及当前世界遗产申报限额制与国家统筹平衡的现实，首先申报与扬州历史城市特征及盐商文化传统密切相关，同时也与运河相呼应的瘦西湖、扬州历史城区和园林，妥善命名，作为一组申报，不失为一种选择。

在这一组合申报成功之后，再在合理调整内容的基础上，分别加入大运河、海上丝绸之路的申报组合，形成或交错形成扬州多重世界遗产的身份，是可行的。

另一种选择，作为大运河最突出典范的运河城市和最关键节点，首先参加大运河的世界遗产联合申报。这无疑在近期排除了再单独申报扬州为世界遗产的选择。但这应当不会削弱扬州整体的文化地位和内在的遗产价值，也不影响未来在海上丝绸之路申报世界遗产时的关联。

海上丝绸之路的世界遗产申报还没有近期的计划和预案。可以肯定的是，一旦行动，扬州必会是其中一个亮点。

扬州申报世界遗产的"纠结"源于她的优势，是一种挑战，但不是负面的问题。相信《世界的扬州·文化遗产丛书》会给我们很多相关的启示，进一步有助于"解题"，更加明确地全面促进和推动相关的研究、保护、解读和展示工作。

最要紧的是，扬州有着深厚的文化底蕴，有着不同凡响深爱着家乡和国家、具有高度文化自觉和文明水准的民众和来自四面八方的拥趸；有着顺应民意、愈来愈重视文化遗产保护与传承的当地政府；还有一支淡泊名利，珍视历史使命和机遇，痴心文化遗产事业，又特别能战斗，求实认真，并日渐成熟的专业队伍。这使得相关的努力与世俗的"文化搭台，经济唱戏"不可同日而语，成果和效应也必然会泾渭分明。《世界的扬州·文化遗产丛书》的编辑出版就是又一次明证。

扬州从来就是一个开放的国际化城市。近几年在文化景观、运河遗产等文化遗产各个领域的国际研讨中，扬州又成了全世界同行的一处汇聚地和动力源。联合国教科文组织倡导的新形势下的"历史城市景观"（HUL）保护，扬州的实践也早就在其中。

全世界庆祝和纪念《保护世界文化与自然遗产公约》40周年的活动还在余音缭绕之际，在中华大地上，《世界的扬州·文化遗产丛书》为世界遗产这一阳光事业又奏响了新的乐章。

是为之序。

2013年2月18日

序：让历史成就未来
——扬州文化遗产概述

顾 风

2007年夏，在时任扬州市长王燕文的倡导下，我们鼓足勇气赴京参加了由国家文物局主持的大运河牵头城市的角逐，并最终如愿以偿。政府破例给了十个全额拨款事业单位的名额，于是招兵买马，网罗人才，筹建大运河联合申遗办公室，开始踏上原本我们并不熟悉的申遗之旅。五年过去了，我们这艘"运河申遗之舟"，涉江湖，过闸坝，绕急弯，正在一步步驶近申遗的目的地。五年之中我们在承担大量行政工作的同时，有机会与不同学术背景的中外专家、高校和科研机构接触、合作，通过环境的熏陶和实践的锻炼，我们这支队伍正在快速地成长进步，成为当下和未来扬州文化遗产保护的生力军。五年当中，我们通过对扬州文化遗产全面的研究梳理，2012年我市被列入世界遗产新预备名单的申遗项目已从2006年仅有的"瘦西湖及扬州历史城区"扩展调整为"大运河（联合）、瘦西湖和扬州盐商历史遗迹（独立）、海上丝绸之路（联合）"三项。五年之中，我们另外的一大收获是，通过学习和探索，得以用新的视角对扬州的文化遗产及其价值做出判断和阐释，使我们对扬州这座伟大的城市有了更加清晰、贴近历史真实的深刻认识。

扬州是一座在国内为数不多的通史式城市，她的文化发展史可追溯到6500年前新石器时代中期，在高邮"龙虬庄"文化折射出江淮东部文明的曙光之后，便连绵不绝。进入封建社会以来，更是雄踞东南，繁荣迭现，影响中外。从汉初开始，吴王刘濞凭借境内的铜铁资源、渔盐之利，把吴国建成了东南地区最具影响力的经济文化中心。其后虽有代兴，但终其两汉，广陵的地位未曾动摇和改变。六朝时期，南北割据，战争频仍，作为南朝首都的重要屏障，广陵战略地位的重要性凸显出来，成为兵家必争之地。隋文帝南下灭陈，结束分裂。一统天下后，在扬州设四大行政区之一的扬州大行台，总管南朝故地，扬州成为东南地区政治、经济、文化中心。杨广即位后，开凿大运河贯通南北，连接东西，扬州具有面江、枕淮、临海、跨河的优越交通条件。作为龙兴之地的扬州，顺其自然地跃升为陪都。中唐以前，扬州虽然有着大都督府或都督府的行政地位，但主要还是依靠隋朝历史影响的延续。

"安史之乱"爆发以后，北方广大地区遭受了严重破坏；北方人口躲避战乱，大量南迁；唐王朝依赖东南地区粮食和财富；国家的经济结构和布局发生了重大变化，不得不作出相应的调整。扬州成为东南漕运的枢纽和物资集散地，赢得了历史上难得的发展机遇，区位优势得到了整体的发挥。扬州成为长安、洛阳两京之外，全国最大的地方城市和国际商业都会。唐末扬州遭受毁灭性的破坏，此后，通过五代、北宋的修复，依然保持着江淮地区政治、经济、文化中心的地位。进入南宋，淮河成为宋、金分治的界线，而扬州则成了南宋朝廷扼淮控江的战略要地。城市性质发生了相应的变化，由一座工商繁荣的经济城市逐渐向壁垒森严的军事基地转变。蒙元帝国建立后，对全国行政系统进行了重大改革，行省制度的建立从政治上巩固了国家的统一，加强了中央集权。元代扬州作为江淮行省机关所在地，管辖范围包括今天江苏的大部、安徽省淮河以南地区、浙江全省和江西省的一小部分。作为东南重镇，其政治、经济地位和文化的影响力远在同时的南京、苏州等城市之上。明清扬州作为两淮盐业中心和漕运枢纽仍然保持着持续的繁荣，尤其在文化方面所具有的影响力和号召力并不因为行政地位的下降而有丝毫的动摇和变化。相反，到清代中期，愈发熠熠生辉，光彩照人。扬州的衰落始于盐业经济的衰落；继之于上海、天津等地的开埠；江南铁路铺设；漕运中止；商业资本大量转移。在这些因素的综合作用下，熊熊的火炉渐渐地失去了以往的能量和温度而慢慢地熄灭。失去了历史风采的扬州，最终不得不让位于上海。这座兴盛于汉，鼎盛于唐，繁盛于清，持续保持了两千年繁荣的城市曾经为中国封建社会的发展进步作出过巨大的贡献，也因此经受了无数次的毁灭和重生。

　　大运河（扬州段）　盘点扬州文化遗产，大运河和扬州城遗址具有举足轻重的分量和特殊的价值。邗沟是中国最早开凿的运河之一，同时也是正式见诸史籍记载的最早的运河。邗沟的开凿为千年之后大运河的开凿起到了重要的示范作用，这是大运河扬州段的价值之一。其二，自春秋以来，扬州段运河的开凿和整治以及城市水系的调整几乎没有停止过。运河在扬州段形成了交通网络和水系，也形成了运河历史的完整序列，扬州段的运河就是一座名副其实的运河博物馆。其三，由于古代扬州优越的地理位置和经济地位，扬州从唐代开始，一直是漕运的枢纽，所以无论是隋开大运河以后，还是元开南北大运河以后，扬州段的地位都极为重要。其四，作为承担历代漕运繁重任务的运河淮扬段在处理与长江、淮河、黄河三大自然水系的诸多矛盾的过程中，在中国这一用水治水的主战场上，集中使用了最先进的治水理念和水工技术。其五，漕运停止了，北方的运河渐渐失去了活力，有的甚至消失得无影无踪。作为今天北煤南运的重要通道，作为南水北调的东线源头，扬州段的运河还呈现着勃勃生机，这种充满活力的状态不仅体现了大运河这个世界运河之母的强大生命力，也是对大运河这一大型线性活态文化遗产价值的有力支撑。

　　在农耕文明生产力水平十分低下的条件下，古人"举锸如云"，用血肉之躯开凿运河把一座座城镇联系起来，运河的形成又为沿河城镇提供源源不断的能量，让城镇得以成长和兴旺，同时还不断催生出新的城镇，运河不断积累着中华民族的智慧和经验，也不断促进着中国封建社会的繁荣与进步。

尽管运河城市大都有着相似的成长的经历，但是扬州城市和运河同生共长的历史和城河互动的发展关系堪称中国运河城市鲜活的杰出范例，同时也体现着扬州文化遗产的特殊价值。大运河孕育了扬州的多元文化，大运河也成就了扬州两千年持续的繁荣。

扬州城遗址（隋—宋） 扬州城遗址面积近20平方公里，是通过专家评审遴选出来，又经国家文物局正式公布的全国100处大遗址之一。把一个联系着城市的前天、昨天和今天的遗址公布为全国重点文物保护单位，它的突出及普遍价值在哪里呢？首先，扬州在文明发展进程中具有历史中心的地位和作用。长期以来作为国家或区域性的政治、经济、文化中心，它的作用和影响长期超越地域范围，是代表国家民族身份的。其次，由于城市东界运河，南临长江，特定的地理环境决定了城市的发展空间和发展模式。扬州城的历史发展变化具有空间和时间上的延续性，有别于长安、洛阳那些具有跨越发展特点的城市，从而成为中国历史城市类型的独特范例。其三，扬州兼有南方城市、运河城市、港口城市的性质，因此它在城市形态、城市水系、城市交通、建筑风格方面都有着鲜明的特点。其四，曾经作为国际国内的商业都会、对外交往的窗口、漕运的枢纽、物资集散地和手工业生产基地，扬州城遗址蕴藏的文化内涵是极为丰富的。它的考古成果对研究中国城市的发展历史十分重要。其五，城市制度的先进性。作为繁华的经济中心，发达的商业和手工业必然对城市的布局、功能分区有所影响，并在城市制度方面也应有所体现。根据史料记载，唐代扬州是有别于两京，率先打破里坊制，出现开放式街巷体系的城市。扬州热闹的夜市，丰富的夜生活，赢得了中外客商和文人雅士的由衷赞美。扬州城市制度划时代的变革对中国城市产生了深远的影响。其六，正因为扬州城存在着发展空间和时间上的延续性，所以城市遗址是属于层叠形态的。它的物理空间有沿有革，但始终存在着有机的联系。尽管扬州历史上屡兴屡废，大起大落，但城市的性质是延续的，城市发展规律还是渐变而非突变的。

明清古城 明清古城位于扬州城遗址的东南部，面积仅有5.09平方公里，属于全国重点文物保护单位扬州城遗址的重要组成部分。作为扬州主要的文化遗产，它的价值也是多元的。第一，历史空间和历史风貌。作为明清时代扬州的主城区，它是在元末战争结束之后，当时根据居住人口和经济状况重新规划建设的。但很快随着经济的发展和人口的增加，在城市东部出现了新的建城区，最终在嘉靖年间完成了新城的扩建，形成了新城、旧城的双城格局。明清古城蕴含着城市600年来大量的历史信息，尤其还保存着真实并相对完整的历史风貌和历史空间；第二，复杂而发达的街巷体系。由于商业的繁荣和高密度的居住人口，为不断适应城市生活的需求，交通组织需要作出相应的调整。复杂而发达的街巷体系成为了扬州独特的城市肌理。第三，城市物理空间的组织和利用。城市物理空间的组织利用水平体现了前人的智慧和能力。明代后期扩建新城一定程度上满足了城市功能的需要，缓解了人口居住的压力。但入清以后，随着盐业经济的迅猛发展，大量外地人口的迁入，这一矛盾又凸显出来。由于运河流经城市的东界和南界，建城区的扩张受到空间的制约。解决问题的有效办法只能是提高城市土地和空间的利用率。狭窄的街巷、鳞次栉比的建筑，凝聚着千家万户的智慧。不同的空间，不同的形式，在这里得到了统一；通风采光的共同需求在这里得到了满足。前人这种高度节约化又体现和而不同的城市规划成果，不仅赢得了当今国际规划大师的赞叹，也足以让众多死搬洋教条的规划师们汗颜。第四，建筑风格的多元化和对时尚的引领。扬州从历史上来说就是一个移民的城市，毁灭与重生，逃离和汇聚，在这里交替发生。商业都会的地位、漕运的枢纽、盐商的聚居，各省会馆的设立，带来了安徽、浙江、江西、山西、湖南等不同地域的建筑文化。这些不同的建筑文化在扬州并不是被简单的复制，而是通过交流、融合，在结构、布局、功能分配甚至工艺、材料的运用上都不断创新，最终汇集为外观时尚新颖，内涵丰富多元的扬州地方建筑特色。博采众长，开放包容，和而不同作为扬州文化的主旋律在扬州建筑文化方面表现得十分直观和生动。扬州式样在引领时尚的同时，也不断辐射和影响着周边省市。第五，盐商住宅的独特价值。两淮盐业经济是扬州的传统产业，明清时期盐业成为这座城市赖以生存和发展的支柱产业。由于靠盐业垄断经营，作为两淮盐业中心的扬州，自然成为盐商聚集的首选之地。扬州在唐代就拥有许多以姓氏命名的私家园林，在盐业资本的作用下，盐业经济呈现出畸形繁荣。建造豪宅、庭园成为一时风尚。个性设计、外观宏伟、结构严整、功能齐全、材料讲究、工艺精湛、园亭配套，成为这类建筑的基本特征。现存的这批盐商宅、园既是扬州盐商的生活遗迹，也是曾经对中国经济、文化产生重要影响的扬州盐商的历史符号。更是中国建筑艺术的不朽作品。它们的独特形态和价值有力地支撑了明清古城的风貌和内涵。第六，传统生活方式的延续和传承。尽管扬州一直以来是一个移民城市，来自不同地域的人们从四面八方带来了不同的文化和习俗。加之盐业经济长期以来对城市生活的深刻影响，扬州的城市生活方式本应该是庞杂无序的。恰恰相反，扬州的城市性质和地位让扬州产生了超强的包容性和融合力，海纳百川，终归于一。扬州不仅有着自己独特的生活方式和风俗习惯，也有着自己的社会秩序和价值取向。丰富的传统节庆活动，和谐的邻里关系，相近的价值观念和人生态度。这种依附于城市特色物理空间的非物质文化遗产同样承载着城市的历史记忆，凝聚着城市的精神，反映了城市的个性，体现着城市的核心价值。

瘦西湖 瘦西湖历史上称保障河，是扬州文化遗产中的奇葩。它的前身原本是隋唐、五代、宋元、明清不同时代城濠的不同段落。作为城市西郊传统的游览区，对它的开发利用可以追溯到隋代。明清之际，在盐业经济的刺激下，盐商群体追求享乐，在历史景观的基础上，扬州的造园活动形成了新的高潮。这种风气从城市延伸到郊外。不同姓氏的郊外别墅和园林逐渐形成了规模和特色，扬州水上旅游线路正式形成。营造园林的市场需求吸引了国内，主要是江南地区的造园名家和能工巧匠向扬州汇聚；同时，本地的营造技术专业队伍也迅速地成长壮大。入清以后，康熙皇帝多次南巡，两淮巡盐御史营建高旻寺塔湾行宫，给扬州大规模的营造活动增添了政治动力。之后，乾隆皇帝接踵南巡，地方官员依赖盐商的雄厚财力，对亦已形成的盐商郊外别墅园林进行大规模的增建、扩建，并着力整合资源，提升景观品质，完成了以二十四景题名景观为骨干的扬州北郊二十四景，实现了中国古代造园史上最后的辉煌。瘦西湖景观作为文化景观遗产具有以下的价值：

一、景观艺术价值。瘦西湖景观是中国郊外集群式园林的代表作。瘦西湖狭长、曲折、形态丰富的水体空间，园林或大或小，建筑或聚或散，或庄或野，形成带状景观，宛如一幅中国传统的山水画长卷。它是利用人工，因借自然的典范；是利用人工妙造自然的杰作，极具东方艺术特质和审美价值。体现了清代盐商、文人士大夫和能工巧匠师法自然的追求；与自然和谐合一的理想。在这个景观之中，一座座园林，一处处景观象画卷一样徐徐展开，气势连贯，人工与自然天衣无缝地融为一体。

二、历史文化价值。瘦西湖景观经过历代演变，层累的历史记忆，深厚的文化内涵，使之最终形成了中国景观设计的经典作品。它既是中国文化景观发展史的缩影；代表了清代中期、中国景观艺术的伟大成就；见证了17—18世纪扬州盐业经济的繁荣和对国家经济文化生活的影响；见证了清中期盐商群体与封建帝王、官员和文化人相互依存的特殊社会关系；也见证了财富大量集聚对社会文化振兴和城市建设发展的特殊贡献。

三、体现人和自然和谐互动的价值。瘦西湖景观是城市聚落营建与水体利用充分结合的杰出范例。它在形成和发展过程中始终兼具城防、交通、生态、游赏等多种功能,与城市发展和人居环境存在着紧密的联系。同时,它在不同阶段功能各有侧重,生动地体现了人与自然和谐互动的关系。

四、瘦西湖景观折射出现世性价值取向。瘦西湖景观体现了造园者和文人雅士模仿自然、寄托理想、营造精神家园的共同追求;也反映了前人对山水的热爱,自然的尊崇和美的认知。2000多年来,扬州饱经战争的浩劫,战争的残酷成了这座城市痛苦悲摧,挥之不去的集体记忆。在和平的年代里,在繁华的现实中,人们追求及时行乐,注重感官享受,崇尚现世幸福,在城市的文化精神和价值取向上呈现出显著的现世性特征。这种现世性价值取向也深刻地影响了扬州景观的审美取向和使用功能。与东晋诗人谢灵运开辟的以寻求自然与隐逸,体现"人"的主体性为特征的中国文人的山水审美相比,瘦西湖景观则具有浓重的世俗社会色彩,大众文化情趣,呈现出更加鲜活的生命力。

五、瘦西湖景观诠释了战争与和平。扬州自古以来就是兵家必争之地。城濠是城市防御系统的基本设施。战争对城市的毁灭性破坏,城市政治、经济地位的变化都会对城市产生重大影响。因为城市的变迁,废弃了的城濠成为了城市变化的历史记录。能否化腐朽为神奇,考验着古代扬州人的智慧。饱受战争之苦的扬州人民把对战争的厌恶憎恨和对和平美好生活的向往追求的情感投向了这些水体和岸线;用千年的热情,持续地努力,把它改造成充满生活情趣和自然之美的景观带和风景区。化干戈为玉帛,瘦西湖成为战争与和平的矛盾统一体,瘦西湖风景区的前世今生,向全世界诠释了一部战争与和平的动人故事。

海上丝绸之路遗产 扬州是陆上丝绸之路与海上丝绸之路的连接点,它与海外的交通可以追溯到西汉时期。唐代扬州成为名闻遐迩的国际商业都会，又是中国的四大港之一。它不仅与东北亚的暹罗、日本有着频繁的联系，而且与东南亚、南亚、西亚、东非有着贸易的往来。大量西亚陶瓷的出土，印证了史籍上关于扬州有着大食、波斯人居留的记载；城市遗址发现的贸易陶瓷其品类与上述地区9、10世纪繁荣的港市出土的中国陶瓷有着惊人的一致性；印尼爪哇岛"黑色号"沉船打捞出6万多件瓷器和带有"扬州扬子江心镜"铭文的铜镜；扬州港作为中国最早、最重要的贸易陶瓷外销港口，"陶瓷之路"起点的地位和作用越来越清晰；成功派遣到大陆的13次日本遣唐使节，其中有9次是经停扬州的；鉴真东渡，崔致远仕唐，商胡贸易这些文化交流事件影响至今。南宋以来特别到元代，扬州是中外交流另一个重要的历史时期。穆罕默德裔孙普哈丁在扬州建造仙鹤寺传播伊斯兰教，最后埋骨运河边；一批阿拉伯文墓碑和意大利文墓碑出土；基督徒也里可温墓碑的发现；加之，著名旅行家马可·波罗、鄂多立克，伊本·白图泰等人在扬州的行迹证明侨寄扬州的外国人不但数量多，且来源广泛。道教、佛教、伊斯兰教、基督教并存的状况反映了扬州国际化的提升和文化交流的成果。

"海上丝绸之路"属于文化线路遗产。从公元前2世纪开始到公元17世纪，扬州作为中国对外经济文化交流的重要窗口，一直发挥着作用，但它的突出历史地位是在唐代，重点在公元8、9世纪的中晚唐时期。由于历代战争的严重破坏，城市的变迁，长江岸线的位移变化，扬州与海上丝绸之路相关的文化遗产已经很少，除了扬州城遗址（隋—宋）以外，直接相关的遗产点有大明寺、仙鹤寺、普哈丁墓园等。幸好还有扬州城遗址不断出土的考古资料做支撑，大量史籍记载作证明。

扬州海上丝绸之路文化遗产价值主要体现在这几个方面：

一、对佛教文化的东传的贡献。扬州自东晋、南朝以来，就是与朝鲜半岛进行政治文化交流的主要城市之一，也是佛教东传的重要节点。特别是作为新罗使节、日本遣唐使、留学生、留学僧登陆、经停的主要城市，扬州不仅具有特殊的经济地位，同时也是佛教传播的重点区域，它在佛教东传过程中的桥梁作用是独一无二的。鉴真东渡作为佛教东传过程中的重大历史事件，其在文化交流史上的意义超出了宗教本身。

二、在伊斯兰教传播过程中的作用。早在伊斯兰教创立之前，扬州就有大食、波斯人的踪迹和袄教的活动。伊斯兰教创立不久，从海上丝绸之路到达扬州的大食、波斯及东南亚地区的人越来越多，扬州成为他们在中国经商贸易的基地和传播宗教的场所。这种传播活动在唐以后，又形成了新的高潮。伊斯兰教的传入，丰富了中华文化的内涵，体现了中华文明多元并蓄，包容一体的特点。

三、见证了海上丝绸之路带来的繁荣。唐代扬州不仅是国内最大的商业、手工业中心，也是中外商品十分齐全，闻名世界的国际市场，当时它在世界上的知名度和影响力如同今天的纽约、巴黎、伦敦、上海一般。大食、波斯、东南亚地区的商人带来珠宝、香料、药材，运回中国的陶瓷、茶叶、丝绸和纺织品、金属器皿。扬州不仅是本国商人最理想的经商目的地，也吸引着大批国外的商贾聚居于此。就连各地行政机构也在扬州设立办事机构，从事贸易活动。通过海上贸易往来和交流，扬州增进了与世界上不同国家和地区的相互了解，推动了文明的进步，对世界也产生了深远的影响。

四、见证了陶瓷之路的兴盛。古代中国通过海上贸易最大宗的商品不是丝绸而是陶瓷，海上丝绸之路实际上也是海上陶瓷之路。扬州是唐代四大港口中地理位置和经济地位最为重要的港口，也是陶瓷贸易的主要港口。当时南北各地生产外销瓷的主要窑口，如浙江的越窑，江苏的宜兴窑，河北的邢窑、定窑，河南的巩县窑，江西饶州的昌南窑，湖南长沙的铜官窑，广东汕头窑等都把产品运到扬州,再远销东南亚、南亚、西亚,甚至东非。迄今为止,国内还没有哪一个城市遗址出土过数量如此巨大、品种如此丰富的陶瓷实物和标本。扬州的考古成果不仅见证了陶瓷之路的繁荣,也见证了扬州为中国陶瓷走向世界所做的历史贡献。

五、见证了中外文化交流的成果。作为当时中国经济中心的唐代扬州,在中外交流方面既能绽放美丽的花朵,更能结出丰硕的果实;既有量的积累,也有质的提升。中国的建筑艺术、造园艺术、中医中药,包括陶瓷、茶叶以及漆器等各类生活用品通过扬州传播出口到朝鲜半岛、日本、东南亚、南亚、西亚等地。对各个国家各个地区的审美观、价值观,包括生活方式都产生了长远的影响。与此同时,通过扬州这个交流窗口和平台,唐人引进了制糖工艺;改进和提升了金银器加工工艺技术;学会了毡帽等皮革制品的制作。"划戴扬州帽,重薰异国香"成为唐代社会上青年人追求的时尚,扬州毡帽成了炙手可热的畅销品。

长沙铜官窑的窑场主把在扬州市场上获取的经济信息迅速反馈给生产基地。他们通过外国商人了解西亚地区的风土人情、生活习惯、审美要求,甚至在外国商人的直接指导下,对外销产品进行包装、改进,确保实销对路。年青的长沙窑力压资深的越窑,一跃而成为中国唐代外销瓷的主角。同样,河南巩县窑,在三彩器物的设计、制作上也成功吸引了西亚文化元素。更值得一提的是,由于迎合西亚游牧民族的色彩喜好和风俗习惯,巩县窑还创烧出青花这一外销瓷器新品种,并从扬州出口进行试销。

扬州是一个通史式城市,传统的海上丝绸之路上的重要港口、古代的世界名城。今天我们用世界遗产的视角和标准对其保留的文化遗产进行审视和评估,我们既看到遗产历史跨度大,内涵丰富,具备潜质的综合优势之余,也看到遗产在真实性、完整性方面存在的不足和问题。尽管遗产数量较大、类别众多，但特色不够鲜明，质量不够优秀。扬州如同是一个参加竞技体育比赛的全能运动员，当他在参与每个单项赛事的时候，却没有绝对优势可言。这就需要我们用世界遗产的标准，而不是自订的标准；用文化的眼光，而不是行政的眼光；用敬畏审慎的态度，而不是随心所欲，急功近利的态度；用科学的手段，而不是普通的手段；对扬州现有的主要文化遗产进行深入研究，科学规划，整体保护，不断修复，全面提升，有序利用，合理利用。保护文化遗产是一项系统工程，需要有爱心，有信心，有决心，有耐心，有恒心，坚持不懈地做下去。

回顾新中国成立以来，扬州文化遗产保护的不平常的经历，从军管会一号通令开始，历经十几届政府的接力，依靠三代人的努力……在实践过程中，我们有经验、有心得、有贡献，但也有迷惘、痛苦、教训和失败。

扬州的文化遗产保护之路是中国文化遗产保护艰巨历程的缩影，新任扬州市委书记谢正义在总结扬州文化保护经验的时候说到，扬州文化遗产保护之所以取得这样显著的成绩，原因是多方面的。但从政府层面上总结，是因为我们舍弃了一些短期利益；克制了一些开发的欲望；控制了一些发展的冲动。值得中国城市的管理者尤其是历史文化名城的管理者思考和借鉴。

中国是世界文化遗产大国，多元文化内涵，连续发展的历史，创造和形成了富有民族个性特点的灿烂文化和与之相对应的文化遗产。但我们国家的文化遗产保护起步较晚，力量单薄。在砸烂旧世界、创造新世界的口号声中，我们原本饱经战乱，损毁严重的文化遗产更是雪上加霜。此后，又经历"文化大革命"急风暴雨的洗礼。改革开放以后，倡导一切以经济建设为中心，文化遗产保护事业更面临着空前的压力和全新的考验。三十年改革开放取得了伟大的成就，但如今需要对我们的发展方式进行反思和调整。唤起文化自觉，以高度的文化自觉来保护民族的文化遗产是时代的新要求、新任务，也是社会主义政治文明和精神文明建设的重要内容。当前，从世界范围看，对文化遗产的态度是衡量一个国家，一个民族，一座城市，一个社会人文明与否的重要标尺。一个不能敬畏自己的历史，不尊重自己文化的民族是可耻的，也是可悲的。乐观地估计，通过经济发展方式的转变，管理考核机制的调整，政府管理者文化遗产保护意识的增强和文化自觉的提升，全社会文明素质的提高，再有十五年至二十年，我们硕果仅存的文化遗产才能度过危险期。

在我们继往开来向更高水平的小康社会迈进的历史发展关键时刻，我们这座具有近3000年历史的城市即将迎来2500年城庆的喜庆日子。对一座城市来说，我们需要继承物质遗产，但更需要积累精神财富，因为精神遗产对城市的作用更久远，更长效。我们申遗办的同仁在日常承担三项繁重申遗任务之余，对近几年的研究成果进行了梳理和筛选，编写出这套文化遗产丛书。它不仅记录了扬州申报世界遗产的足迹，反映了申遗工作的研究成果，同时也寄托了大家对这座伟大城市的深情和敬意。这套丛书也是我们向扬州2500年城庆献上的一份小小的礼物。

回忆过去，展望未来，我们愿同城市的管理者、建设者和全体人民一道，为把这些属于扬州、属于中国、属于全世界的系列文化遗产保护好、利用好作出我们应有的贡献！让历史告诉今天，让历史告诉未来，让历史成就未来！

2013年2月28日

目　录

绪　言

第 1 章　瘦西湖水系形成的断代研究

1.1 第一阶段：瘦西湖水系发轫时期：瘦西湖 C 段水体的出现（春秋战国至六朝）·················· 004

1.2 第二阶段：瘦西湖城濠水系的成形时期（隋唐宋元） ·· 013

  1.2.1　隋至盛唐：瘦西湖 A 段水体的形成 ·········· 013

  1.2.2　南宋时期：瘦西湖 B 段水体的形成 ·········· 021

  1.2.3　元末：瘦西湖 D 段水体的初成 ················ 031

1.3 第三阶段：瘦西湖水系的精细化时期（明清以来） ·· 034

1.4 小结 ··· 037

第 2 章　瘦西湖景观发展的断代研究

2.1 第一阶段：景观的积淀时期（南北朝时期）·········· 041

2.2 第二阶段：景观的文化奠定时期（隋唐北宋）······ 049

  2.2.1　隋代的景观及其意义 ··························· 051

  2.2.2　唐代的景观及其意义 ··························· 057

  2.2.3　北宋的景观及其意义 ··························· 067

2.3 第三阶段：景观的多元转型时期（南宋元明时代） ·· 075

    2.3.1 南宋：战乱中的沉寂与短暂衰落 ············ 076
    2.3.2 元代：郊野风光的初步形成 ················ 079
    2.3.3 明代：郊野风光的定型 ···················· 086
  2.4 第四阶段：景观的复兴鼎盛时期（清初至乾隆晚期）
    ··· 096
    2.4.1 顺治至康熙中期——历史文化景观的修复与
       重建 ···································· 098
    2.4.2 康熙中后期至乾隆后期（1700—1790）——湖
       上园林风光的鼎盛时期 ···················· 102
  2.5 第五阶段：景观的衰落、重建及现状（清后期至今）
    ··· 115
    2.5.1 清后期至新中国成立前，瘦西湖景观的衰落
       ·· 117
    2.5.2 新中国成立后瘦西湖景观的逐步恢复与新发展
       ·· 125
    2.5.3 瘦西湖景观现状评析 ···················· 128
  2.6 小结 ··· 133

后 记 ·· 136

绪 言

在我们将瘦西湖文化景观作为研究对象之初，我们的一个基本的认识，就是将其定性为一个城濠历史文化景观加以考察。因此，我们关注的视角首先就从简单的水文要素，拓展到整个城池的概念，而城墙与城濠水系相互依存的关系，也就成为我们论述城濠历史文化景观的一个重要前提。扬州这座古城在其历史发展的过程中，尽管城市范围和形制发生过多次变化，但总的来说没有改变作为一座被城墙所围绕的城市的状态。因为城墙的存在，就有了城濠水系的出现，而又正是因为城墙的变迁，造成了城濠水系的形成、变迁、发展。而这实际上也就是今天瘦西湖景观由来和存在的一个客观的前提。

我们开展城濠水系的断代研究，最后当然要来到它今天的一个状态究竟如何的问题。为此，我们进行了一些实地走访和考察，记录下了历史上记载的扬州城池（包括城墙和城濠的系统）今天的状况。通过实地走访和考察我们不难发现，总的来说，历史上记载的扬州城池变迁，除了最早的邗城和广陵城时期的城址目前没有考古成果能够提供切实的佐证之外，隋代以后各个时期的城池情况，都或多或少地能够通过今天的考古发掘得到印证。不仅如此，虽然大段的城墙已经无法看到，但是个别城门的遗址，还是有较为完好的保留。就此，整个扬州城池的发展脉络，也基本清晰地被一段段地接续上，呈现出一个系统的面貌。应该说扬州这座城市的城池变迁的历史，就是一个宏大的课题，而它所包含的，更是扬州作为一个城市的全部的历史沧桑和文化变迁。

古代所谓的城，都是建立在城池这一实体存在的基础上的，也就是由城墙所包围的一片区域的概念，当然很多情况下还包括城墙之外的护城河，即城濠。因此，传统的城就是这样一个系统的概念。然而，时至今日，城市的概念已经在现代化的进程中被虚化，城市仅仅只有概念上的边界，没有了实体的边界。而在这一变化的过程中，流失的不是别的，正是历史文化本身。

就扬州而言，城墙这一实体边界，大约一直维持到新中国成立后还是存在的，至少当时我们还能够通过可能已经是断垣残壁的城墙，看到明清时期新旧城的一个基本规模和框架。然而新中国成立后一段时期以来，在对经济发展的迫切渴求、视传统文化为落后糟粕的激进心态的合力作用下，一切服务于经济建设和城市现代化发展，在这种情况下，古城墙这样一种不但已经失去实际功能，其存在还有碍于城市现代化进程的东西，就无可避免地面临被推倒的命运[1]。很多时候我们不得不感慨，扬州作为一座古代城池的形态，在历史上即使经历了几次三番战争带来的毁灭性破坏，最终都重新恢复和站立了起来，但却是在最近一轮和平时期的城市发展进程中，丧失了自己传统的物质形态，而走向千篇一律的钢筋水泥式的现代城市模式。当然，这都是特定时代人们

---

[1] 其中对城墙的最大规模的推倒发生在1951年，当时出于拆除城墙、修筑环城马路的市政建设的目的。

的时代心态的必然结果,今天我们对此已无法评论太多,只能默然接受,而在内心挟带一丝惋惜之情罢了。

在城墙的问题上,同样也是随着人们的认知的变化和思想的转变,开始注重历史文化遗存的价值,少数一些有幸被保留至今的城墙遗存,很大程度上成为深邃历史文化的最宏大最直接的展示。于是,城墙又以一种中华传统文化符号的形式重新引起人们的重视。我想在今天的中国,已经不会再发生新的推倒古城墙的行动,相反地保护之犹不及。然而,同时我们也看到很多以恢复古城墙为名的新建城墙活动,至于这样的行为,就又有些过犹不及的味道。如果说当时的推倒城墙是一种无视历史和文化传统的野蛮行径,那么今天雨后春笋般涌现的新的城墙、城门乃至护城河,并不是一种弥补,而同样也是不顾历史事实的滥造而已。保护好、维持好城墙现在的样子,就已经是对历史文化保护最大的贡献了。

对扬州历史和文化一知半解的人,今天如果来到扬州,或许会问,扬州城的城墙在哪里,似乎没有了城墙,扬州城就没有了文化的展示度。我想这样的疑问很容易回答,扬州城的城墙在扬州人的心里,也可以在你的心里,如果你真正了解扬州的历史和文化,只需随手一指,你就会有由内心而眼前地构建出那一道道高墙。因为在扬州,几乎可以说,有水的地方就有历史上的城墙。而这一联系,归根到底就是基于城墙与城濠相互依存的关系,而扬州城的城墙或许看不到或者不多见了,但是另一个要素——城濠水系,还是可以说较好地被保留了下来。

我们知道,扬州的建城史并非始终在同一固定的范围内的建城活动。从邗城、广陵城、隋江都城、唐两重城、宋三城、明清新旧城这样的脉络可以清晰地发现，扬州的城墙边界每次都在发生或多或少的移动或者变化。而几乎每一次城墙的建筑，就有一次护城河即城濠的开挖，也就留下了一道水系。而在整个扬州历史上城墙变迁的叠加作用下，一个直接的结果就是原本作为城濠的水系也日渐丰富，纵横连接，形成一个发达的水道系统。需要特别指出的是，在我们的研究所涉及的所有城濠水系中，几乎所有都保持着它历史上的原貌[2]。这就是我们今天所谈论的扬州城濠水系。既然我们已经知道城墙和城濠的关系，也看到了今天还实际存在着的发达水系，那么通过简单的逻辑推理——见城濠即如见城墙，由是，我们又何须看到实体城墙的存在，才能去感受扬州的城池变迁史呢？总的来说一句话，在没有城墙遗存的情况下，城濠水系所扮演的，实际上就是城墙本该扮演的历史文化承载角色。而也恰恰正是从这个意义上说，我们才认为扬州的城濠水系本身，就是具有深刻文化意义的景观存在。

当然，扬州的城濠水系绝不仅仅只是城池变迁的历史文化承载者的角色，它还有着其他一些功能和价值。比如，从历史和现状两方面来看，除了作为城濠所具备的军事防御功能之外，城濠水系很大程度上还是扬州城重要的水源补充特别是生活用水的重

---

[2] 唯一的例外是汶河。汶河在新中国成立前已堵塞不畅，失去了原有的航运功能。1952年开始，政府多次发动群众清除市区瓦砾、垃圾、填塞汶河。1959年7月至9月，为迎接新中国成立10周年，改善城区交通状况，扬州市建设科组织市政工程队施工填河筑路，全线填平汶河，建成文昌广场至甘泉路一段泥结碎砖简易道路，并扩宽建成文昌广场。文昌广场至文化宫口路幅宽30米，文化宫以南至甘泉口路宽14米。1964年、1968年先后扩建，加铺甘泉路口南路段路面，始全线建成，全长1890米，为沥青表处路面。当时汶河承担的排水功能进行了分工。以文昌广场为界分南、北二段。南段汇入通泗街、毓贤街、堂子巷、星桥街等支沟，向南排入南护城河；北段汇入院大街、大东门街、县学街、中小街等支沟，向北排入北城河。据《扬州城乡建设志》记载，汶河上明洪武七年兴建的通泗桥、太平桥、星桥及明代开明桥均于1959年填河筑路时被拆除，明弘治九年兴建的文津桥则埋于文昌阁下。

要来源，它还具有重要的航运和水上交通的功能，当然，生活用水和水上交通的功能，至今仍在一定程度上有所体现。最后，也是我们希望强调的扬州城濠水系区别于同类水系的最鲜明的特色，就是在扬州城濠水系的基础上，形成了一个极具个性的景观体系，那就是我们所说的，基于城濠水系系统东面的一段，经过一系列历史事件因素的层累和积淀，形成了著名的瘦西湖景观，而这，更是今天整个扬州城濠水系最具文化显示度的一点。关于瘦西湖景观的问题，我们将在后文详细展开。总的来说，扬州城濠水系一身所兼具的上述这些历史、文化以及景观表现等要素，足以成就其成为一处极具个性与特色的历史文化景观。

以下，我们将首先从瘦西湖水系和景观形成的历史开始，展开我们的研究。

第 1 章

瘦西湖
水系形成
断代研究

WATER

扬州是我国第一批历史文化名城，在古代曾经具有举足轻重的地位，几度成为东南首善之区，甚至是全国最繁荣的工商业大都市，而其城池也经历过无数次的修筑。邗沟是我国第一条见诸记载的运河，经过许多次改建，先后成为隋代南北大运河与元代京杭大运河的重要组成部分，起到了沟通江淮水系、便利南北往来的重大作用。正是在扬州城与邗沟运河的双重作用下，闻名遐迩、独具特色的瘦西湖才得以形成。

在我国乃至全世界星罗棋布的湖泊类名胜景区中，扬州瘦西湖具有独一无二的特殊地位——她是唯一经过漫长的岁月逐渐形成的城郊人工湖，数千年里，曾经扮演过不同的角色：运河、郊野园林带、风景名胜区等等，作为城濠的历史尤其漫长。在这个过程中，上至帝王、高僧、名士硕儒、巨商大贾，下至普通的乡绅、市民、和尚尼姑、贩夫走卒，都在其中留下了或深或浅的不同印记。

瘦西湖与扬州城有着千丝万缕的联系，历史上曾经是不可分割的有机统一体。数十年来，古扬州城的考古和历史研究取得了丰硕的成果，如今已基本摸清了其历代的形制与规模。但迄今为止，瘦西湖是如何形成的，学术界还没有进行过认真的探讨。本书通过文献与考古两方面的研究，初步探明了瘦西湖水系在不同历史阶段的轮廓。

在研究瘦西湖的水文景观之前，必须就研究范围作界定。因为不同时期的瘦西湖，其范围是不一样的，只有规定了一个明确的研究区域，所有的相关研究才能进行。本书以目前瘦西湖景区的范围为主，综合清代人的观点，将瘦西湖古城濠的区域范围限定如下：北起平山堂（大明寺）以及观音山，循水南下，至二十四桥与熙春台，转向东，过莲花桥与白塔，至小金山，再转向南，到大虹桥，在桃园以北（"虹桥修禊"下）再转向东，循明清扬州城北护城河至天宁寺。其中平山堂至熙春台为A段，熙春台至小金山为B段，小金山至虹桥修禊为C段，虹桥修禊至天宁寺为D段（参见图1-1），以方便研究和叙述。

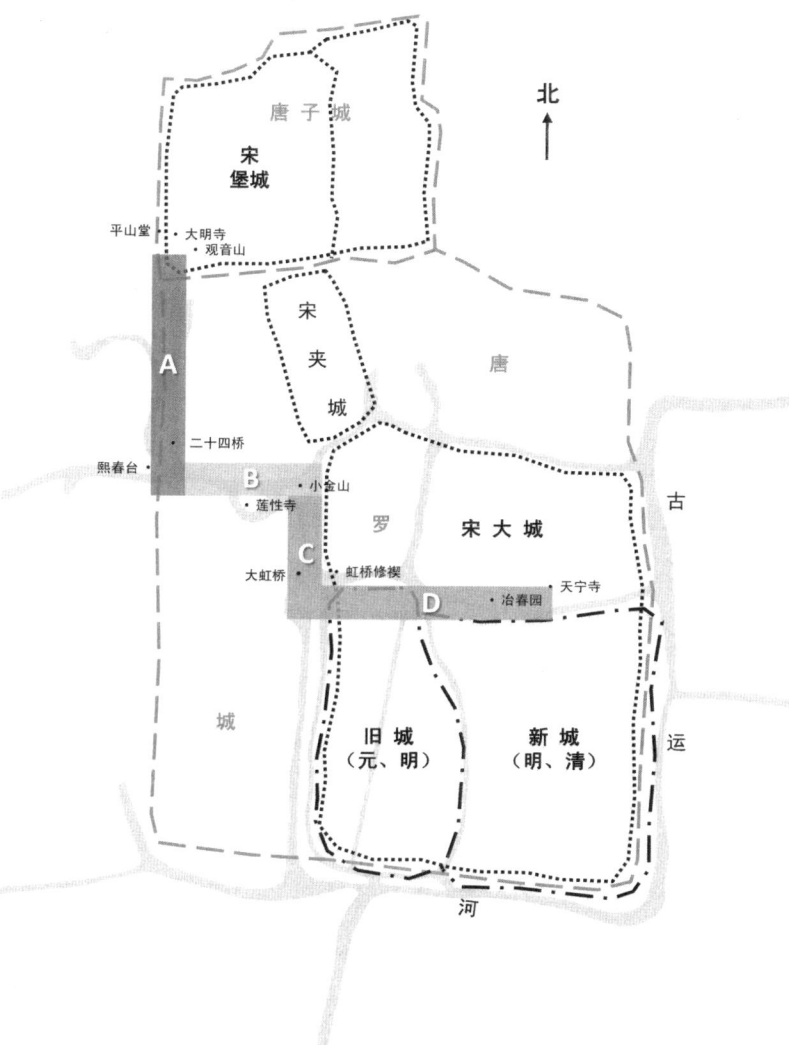

图1-1 瘦西湖古城壕水系分段示意图

说明：此图以唐宋扬州城为底图，系历代城墙和护城河的叠加图。由于城壕往往紧邻城墙，故并未将每一段城壕都画出来，而只是画出跟瘦西湖有关的古城壕。隋以前的古城均位于蜀冈上，具体形制今多不知，故未标出。至于运河，则仅画出唐后期正在使用或已被废弃但仍存的古运河。地名则全标以今名。

第 1 章 瘦西湖水系形成的断代研究

1.1 第一阶段：瘦西湖水系发轫时期： 瘦西湖C段水体的出现（春秋战国至六朝）

扬州城市的历史一般从春秋末年算起，同时，江淮运河的履历也是从那时开始的。史载：鲁哀公九年"秋，吴城邗，沟通江、淮"[1]。鲁哀公九年即周敬王三十四年、吴王夫差十年，也就是公元前486年。这一年，吴王夫差为了北霸中原，在长江以北建造了一座新城——邗城，作为北进的战略据点。同时开挖了经过邗城之下的运河——邗沟，以便从江南运送军队和物资到淮河流域。

关于邗城的城址，上古典籍并无确切记载。不过，自从《太平寰宇记》断言"城在州之西[2]四里蜀冈上"之后，历代并无异议。从考古发掘来看，今蜀冈上"汉至六朝广陵城东南部凸出城垣很可能即属于原邗城址"[3]，亦即《扬州古城址变迁初探》所标示的1号城垣[4]。"该城凸出部分东垣长约700米。由此推之，吴所筑邗城或即如此700米见方，而东门及门外水上'洛桥'当亦设于此时。"[5]

曲先生认为"东垣偏南豁口外地势低洼，有可能为古水门遗迹。"[6] 纪仲庆先生亦作此感："偏南的一处豁口在孙家庄以东，

---

[1]《左传·哀公九年》。此据陈戍国撰《春秋左传校注》（岳麓书社，2006年，1273页）、赵生群注《春秋左传新注》（陕西人民出版社，2008年，第1031页）、李梦生注释《左传今注》（凤凰出版社，2008年，第730页）等。《春秋左传集解》（上海人民出版社，1977年，第1762页）标点为："秋，吴城邗沟，通江、淮。"（1997年上海古籍出版社版同）不少书、文这样标点，是不理解邗城与邗沟之关系。
[2] "西"，严格来说当为"北"。但古人于相邻方位（西与北、北与东、东与南、南与西）往往不精确，在此我们不必苛责古人。
[3] 曲英杰：《扬州古城考》，《中国史研究》2003年第2期，第59页。
[4] 纪仲庆：《扬州古城址变迁初探》，《文物》1979年第9期。
[5] 曲英杰：《扬州古城考》，《中国史研究》2003年第2期，第59页。
[6] 曲英杰：《扬州古城考》，《中国史研究》2003年第2期，第56页。

从城外之壕沟，经此豁口至铁佛寺后面的东侧，地势都很低洼，因而怀疑此豁口可能为古代的水门遗迹。"[1]

邗城之水门，当与邗沟相通。关于邗沟，《水经注》是这么描述的：

> 昔吴将伐齐，北霸中国，自广陵城东南筑邗城，城下掘深沟，谓之韩江，亦曰邗溟沟，自江东北通射阳湖。《地理志》所谓渠水也。西北至末口入淮。[2]

除了表明邗沟在邗城下，对我们确定邗沟的流向、位置等没有实质性的帮助。《读史方舆纪要》谓："官河：府东南二里。古邗沟也，即春秋时吴通江、淮之处。"[3] 以为古邗沟就是明清时期流经扬州城东南的官河（运河）。历代扬州府、县志以及傅泽洪《行水金鉴》等书莫不同此。众口一词，似乎言之凿凿，但事实并非如此。因为这段紧靠明清扬州新城东南城墙外流过的运河，乃是中唐时期盐铁转运使、淮南节度使王播所开，史籍中记载得非常清楚（详见下文，此不展开）。

由于上古文献的极度匮乏，即便是现代学者，对于邗沟在扬州城一带的走向也不得其要。李裕群《隋唐时代的扬州城》一文，专辟《扬州城水系的调查》一节，对唐城几条河流作了较详细的探讨，但其对两条南北向河流的判定依然值得商榷。其认为靠西一条南北向河流，"从此河直对子城南门的情况看，这条河有可能是隋炀帝

---

[1] 纪仲庆：《扬州古城址变迁初探》，《文物》1979年第9期，第45页。
[2] [北魏]郦道元著、陈桥驿校证：《水经注校证》，中华书局，2007年，第713页。"渠水"，《永乐大典本水经注》（万卷出版公司，2009年，第403页）作"筑水"。杨守敬、熊会贞《水经注疏》（江苏古籍出版社，1989年，第2555页）谓："朱作筑，《笺》曰：《地理志》，江都有渠水。戴、赵改渠。"按：《汉书·地理志》："江都，有江水祠。渠水首受江，北至射阳入湖。"
[3] 顾祖禹：《读史方舆纪要》，中华书局，2005年，第1118页。

所开运河的一部分。靠东一条南北向运河,自今南门(唐代之南门)向北,在子城东南隅与子城东护城河和浊河相连。这样此河从中间贯穿整个罗城。此古运河就是在春秋吴国所开邗沟的基础上开凿的,今河道南段已填,改成汶河路。"[1]并引用罗宗真《扬州唐代古河道的发现和有关问题的探讨》[2]一文作为论据。依照今天的考古实情,邗城偏在蜀冈东南,其东南开水门,似乎与唐罗城内靠东的南北向河流走向吻合;而隋江都宫(唐子城)的南门,正好面对西侧的南北向河流,按走向确实符合隋炀帝时代的情形。但二位先生都忽略了一个很根本的问题:靠西的那条河道在唐代是不通船的,这在沈括《梦溪笔谈·补笔谈》中有明确记载:

> 又自衙门下马桥直南,有北三桥、中三桥、南三桥,号"九桥",不通船,不在二十四桥之数,皆在今州城西门外。[3]

由于史籍中并未提及这条河的名字,我们姑且将之称为"九桥河"。此河既然不通船,即是说当时没有运输功能,不可能是运河。而众所周知,唐代的运河基本上是继承隋炀帝时期的,今扬州境内的运河在唐朝只经过两次改建,一次是开元二十六年(738)润州刺史齐澣开瓜洲伊娄河[4],将原来从扬子镇南入江的邗沟南端改道瓜洲渡;一次是宝历二年(826)盐铁转运使王播因城内官河严重淤塞,乃沿东南城墙外新修运道,在禅智寺附近与原邗沟汇合[5]。这两次

---

[1] 李裕群:《隋唐时代的扬州城》,《考古》2003年第3期,第72页。
[2] 罗宗真:《扬州唐代古河道的发现和有关问题的探讨》,《文物》1980年第3期。
[3] [宋]沈括著、胡道静校证:《梦溪笔谈校证》第581条,上海古籍出版社,第1019-1020页。
[4] 时瓜洲属润州,故由润州刺史开河。汪中《广陵通典》卷七载:"瓜步舟舻所凑,而遥系润州。延赏请度属扬州,由是行者无壅滞。"
[5] 刘昫:《旧唐书》卷十七上《敬宗纪》,中华书局标点本第518页。

改筑运河，均未在城内新挖河道，所以唐代扬州罗城之内的运河，必定是沿袭隋代的。隋代曾有两次修筑淮扬间运河的记载，先是隋文帝开皇七年（587），"于扬州开山阳渎，以通漕运"[1]；后来在隋炀帝大业元年（605），"发淮南民十余万开邗沟，自山阳至扬子入江。"[2] 无论是文献记载，还是考古发掘，都表明隋唐扬州城内南北向河流只有两条，而这两条河流都比较顺直[3]，考虑到与蜀冈上子城（即古邗城、广陵城所在）的方位关系，也只有这两条河流才可能是古运河——邗沟和山阳渎。使用较久的运河一般都会有一定的遗迹，如河南的古鸿沟、古汴渠，至今尚有遗存。因此，除非发现其他更确凿的古邗沟遗迹，那么唐代扬州城内的两条南北向河流，当即隋以前和隋以后两条不同的"邗沟"，其中一条已被废弃，而另一条正在使用。不管隋炀帝所开邗沟，在隋唐扬州罗城内，是沿用文帝所开山阳渎，还是另辟新河道，由唐代运河的继承关系，以及靠西的河流不通船的特征，我们都可以判定，隋炀帝以及唐五代所用运河，必是靠东的那条，即唐代城内"官河"[4]。而靠西的那条，则极可能始于吴王夫差所开，并在此后一千年里沿用的古邗沟[5]。

针对罗、李二位先生所主张的"方位说"，我们是这么认为的：从考古发掘的邗城与广陵城看，蜀冈南麓、下马桥北的南门，并非水门；而蜀冈东南方向的豁口很可能是水门，且用到隋唐时代，这

---

[1]《隋书》卷一《高祖纪上》，中华书局标点本第25页。
[2]《资治通鉴》卷180《隋纪四》炀帝大业元年，中华书局标点本第5618页。
[3] 沈括在描述下马桥南面的"九桥河"时，用了"直南"二字。今考古复原图上，两条河流都较直，显然并非天然河流，至少都经历过人工取直。
[4] 按：官河其实并非专名，很多朝代、很多地方都有"官河"，本文特指唐代扬州罗城内南北向的"官河"，即明清"市河"，今汶河路、玉带河一线所在。
[5] 徐庭曾：《邗沟故道历代变迁图说》。

说明位于蜀冈上的邗城、广陵城的水路运输，东南水门贡献颇大。从"九桥河"到东南水门，固然有一定的曲折，不如"官河"便利，但这并不能用来证明"官河"就是更早的古邗沟。相反，按人工河发展的一般规律，都是先比较弯曲，后来逐渐裁弯取直，或者另选更短更近的线路。我们假定"九桥河"与"官河"从城南同一地点分流，到邗城东南水门，无疑"官河"的距离更短。此其一。其二，下马桥对岸的广陵城南门固然是江都宫最重要的门之一（其规模在江都宫为第一），据说官员到此必须下马，可也正因如此，它反而不可能是人物混杂的水运码头所在，这从隋唐时期长安、洛阳的城坊布局可知。再者，"官河"很可能始于隋文帝开皇七年所开的山阳渎，以当时的形势论，其主要目的并非为了皇帝在扬州城享乐，而是"通漕运"，自然以能直达水门为宜。

综上，我们认为，在唐罗城两条南北向河流中，靠东的"官河"为隋唐时期的运河，靠西的"九桥河"则很可能源自春秋以降的"古"邗沟。（参见后文图1-3）

若此说成立，那么，瘦西湖水系形成的最初年代，就可以追溯到公元前486年。在此之前，由于长江河道距离蜀冈不远[1]，当时人烟稀少，蜀冈下平原当属河水漫流状态，瘦西湖所在地区，虽然有可能形成水体，却难有固定形态的河流或湖泊。

当然，并非说古邗沟的河道走向和轨迹，从一开始就像唐城复

---

[1]《读史方舆纪要》（第1117-1118页）云："初自广陵扬子镇济江，江面阔相距四十余里，唐立伊娄埭，江阔犹二十余里，宋时瓜洲渡口犹十八里，今瓜洲渡至京口不过七八里。"以江南岸淤积慢于江北的一般规律，扬州泥沙淤积量当大大超过镇江，江面缩减的三十余里，扬州可能占三分之二以上。而顾氏所言，已是汉晋以来的事情了，公元前486年邗沟初开之时，蜀冈南的平原甚至可能只有几里广袤。

原图上那样，笔直通向下马桥。从夫差最初修邗沟，到形成唐代"九桥河"的模样，一千多年里，必定经过无数次的截直、修整和疏浚。但详细而具体的过程，我们今天是无法得知了。

邗沟既通达邗城之下，当沿着蜀冈南麓东行，部分河段应该与唐浊河重合。其再往东的具体走向，在既缺乏文献记载，又无考古发掘的情况下，则很难判断。不过，考察圆仁《入唐求法巡礼行记》，其来扬州的行程，是先从海陵县至禅智桥再向西入扬州东郭水门；后来离开扬州北上，是从东郭水门至禅智寺东向北而行。又《旧唐书》卷17《敬宗纪》与卷164《王播传》均谓："从阊门外古七里港开河，向东屈曲，取禅智寺桥东通旧官河"，亦表明"旧官河"乃在禅智寺一带经过。而禅智寺，本来是隋炀帝的行宫，其建于此处，当与该地位于交通要道有关：极可能"古邗沟"与"运盐河"本就相交于此。扬州唐城的考古复原图上，罗城北护城河向东引出，与邗沟（北江）几乎平行；今天的扬州城地图上，在禅智寺一带，古运河以北，还有断续的大致与之平行的一线水体遗迹。这种种迹象表明，可能在王播开新运河以前，旧运河是从罗城北濠引出的那条河，其在禅智寺附近分为两支，一支转向北流，是为邗沟；一支先折向南，至禅智桥东再折而东流，是为西汉始开的运盐河，这两条河在唐代可能也都叫做"官河"。至于罗城内被后世人称为"邗沟"的"北江"，可能是王播开城外运河后才开凿的；也可能原来就有，河上靠近运盐河处还有禅智桥，所以王播选择这样的线路，但之前并不重要，因为传统上货物大多在子城水门附近聚散，走城外运河比城内更方便，但在王播开城外新运河之后，这条"北江"得到了更大的发展，以至形成"江中充满大舫船、积芦船、小船等，不可

第1章 瘦西湖水系形成的断代研究

胜计"[1]的繁盛局面。

我们回到古扬州城城濠的问题上。楚怀王十年(前319)城广陵[2]。关于此广陵城址,明清方志多有错讹,不足为凭。广陵,以训诂学而言,大阜曰陵[3];广,"大也"[4],又"东西为广"[5],所谓广陵即是高大的"东西向的条带状丘陵"[6]。很可能蜀冈当时就叫"广陵",于其上筑城,就叫做"广陵城"。依据今天的考古报告,其当与邗城同处于蜀冈之上,而别为一城,即《水经注》所谓的"自广陵城东南筑邗城"。这座楚广陵城,当与蜀冈上考古发掘出的"西城",有密切的关联。今发掘出西城全长5000米左右,是宋宝祐城的遗址。以楚当时在扬州地区的实力,广陵城不大可能达到如此规模,很可能只是其中的一部分。至于其城濠,我们亦难以确知。

西汉初期吴王濞扩大广陵城,城周长达十四里半[7],折合公制,约6054米[8],与今蜀冈上西城、东城的总周长7千米,还是有一定的差距。汉广陵城很可能把原来的邗城、楚广陵城打通连接起来,至迟此时,今天大明寺东边的护城河应该已经形成,这可能是与瘦西湖有关的最早的城濠,尽管这段城濠在瘦西湖水系中仅是极短的一小段。又,雍正《江都志》载:"汉吴王濞煮海为盐,因复开邗沟,自扬州茱萸湾通海陵仓及如皋蟠溪,为运盐河之始。"众所周

---

[1] (日)圆仁著、白化文等校注:《入唐求法巡礼行记校注》,石家庄:花山文艺出版社,2007年,第23页。
[2] 《史记·六国年表》,中华书局标点本第731页。
[3] 《说文解字》卷十四下:"陵,大阜也。"
[4] 《广雅·释诂一》:"广,大也。"又,《玉篇·广部》亦云:"广,大也。"
[5] 徐中舒主编:《汉语大字典》(缩印本),广(二)②,四川辞书出版社、湖北辞书出版社,1993年,第377页。
[6] 曲英杰:《扬州古城考》,《中国史研究》2003年第2期,第60页。
[7] 《续汉书·郡国志》刘昭注,中华书局标点本《后汉书》第3461页。
[8] 据陈梦家《亩制与里制》(《考古》1966年第1期),西汉1里约等于今417.53米。

知，吴王濞开凿了一条通向海边的运盐河，但史料并未记载其"复开邗沟"，我们认为以吴王濞当时的条件，在开凿运盐河的大约同时，当改造过邗沟。这条运盐河的西端，可能在后来的禅智寺附近，由原邗沟南出，在禅智桥东折向东流，通向海陵一带当时的海岸。

吴王濞之后相当长的时间，扬州城池没有大的变化。三国时期，吴魏争战，江淮之间赤地千里，扬州城一度被毁，被称为"芜城"。东晋永嘉南渡之后，扬州城成为边防与侨民重镇，是南青州、南兖州等侨州治所，其长官常都督江淮数州之地，遂又复兴起来。太和四年（369）十二月，大司马桓温"发州人筑广陵城"[1]，"遂城广陵而居之"[2]，这是声势浩大的一次筑城，全长7千米的唐子城的规模可能在此时基本形成了。

刘宋大明元年（457），竟陵王刘诞任南兖州刺史，亦曾修治城隍，次年"发人筑广陵城"[3]，"广陵城旧不开南门，云开南门者，不利其主，至诞乃开焉。"[4]广陵城原无南门，自大明二年（458）以后，才开南门。这个南门应该就是沈括所云正对下马桥的门，该桥至迟此时已建，而此桥"直南"，就是"九桥河"。我们推测，最晚此时，"九桥河"已经裁弯取直，形成沈括所记的笔直河道。也就是说，今天瘦西湖小金山至大虹桥一段水体，最迟此时已经大体成形。在我们所界定的瘦西湖四段水体中，这一段无疑是最早形成的（参见图1-2）。

[1]《晋书·桓温传》，中华书局标点本第2577页。
[2]《晋书·废帝海西公纪》，中华书局标点本第213页。
[3]《南史·竟陵王诞传》，中华书局标点本第399页。
[4]《宋书·竟陵王诞传》，中华书局标点本第2035页。

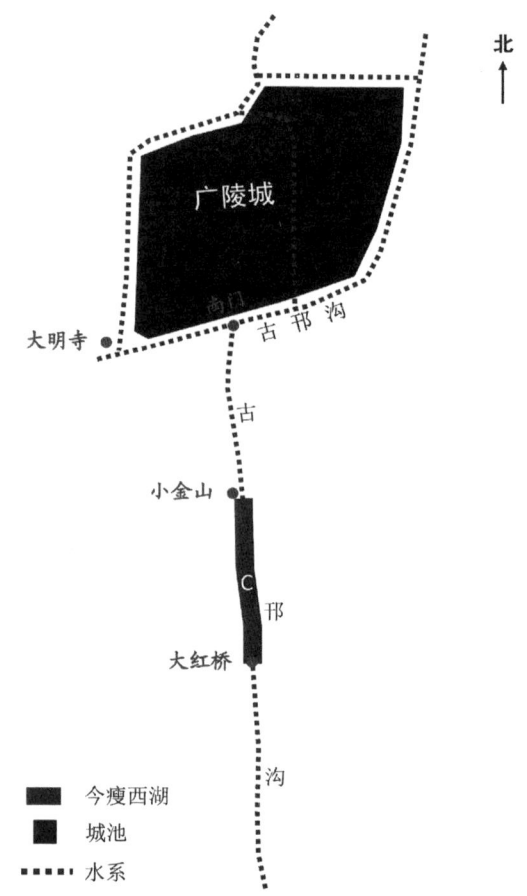

图 1-2 刘宋大明年间广陵城与邗沟示意图

但这几次筑城、修城，都不出蜀冈之范围，其护城河也最多只是环绕蜀冈上的城垣，因此，与我们要研究的瘦西湖关系不大。不过，其西南角的护城河，却是瘦西湖水系最初的发轫。在楚广陵城修建之时，该段水体可能已启雏形。西汉刘濞扩筑广陵城，该水体必已成形。此后汉晋广陵城都沿用了该段城郭，所以这部分水体当一直存在。

在这期间，邗沟有一次较大规模的改道。《水经注》云："自永和中江都水断，其水上承欧阳埭，引江入埭，六十里至广陵城。"[1] 此前，"江水入淮，皆由汉江都城下首受江水。永和中，城下水涸，邗沟故道不能通江，而渠水乃西流，引欧阳埭之江水入埭，东北流以至广陵城，而仪征运河遂权舆于此。"[2] 不过，这次邗沟变迁只是最南端入江的一段，大致发生在古杨子津（约当今高旻寺以东运河大拐弯处）以南河段，与唐扬州城范围内水系无涉，于瘦西湖的关系也就不大了。

总之，在春秋末期至隋以前的一千多年时间里，与今天瘦西湖水系有关的，主要是邗沟。邗城和广陵城的城濠，与瘦西湖的关系却不大，只有广陵城西南护城河的一小部分，能勉强算在瘦西湖的水系范围之内。反之，今大虹桥南"虹桥修禊"至小金山部分水体，即瘦西湖 C 段雏形的初成，最早可追溯到吴王夫差开邗沟时，最晚也当在刘宋大明年间开南门时。即便从刘宋大明二年（458）年算起，在瘦西湖的所有组成部分中，也是最早的。

1.2 第二阶段：瘦西湖城濠水系的成形时期（隋唐宋元）

1.2.1 隋至盛唐：瘦西湖 A 段水体的形成

隋代开始，扬州城向蜀冈下冲积平原扩张。隋炀帝时期，在蜀冈下，修筑了不完整的罗城，相应的，罗城外缘开挖了护城河，这样，瘦西湖水系中新的组成部分逐渐成形了。

---

[1]《水经注校证》，第 713-714 页。
[2] 徐庭曾：《邗沟故道历代变迁图说·邗沟再变图说》。

对于隋唐扬州城罗城的修筑年代，史学界迄今未有定论。一些专家倾向于认为：

> 唐代罗城可能始建中唐或偏晚，废于五代末。罗城的修筑年代，文献最早记载为唐建中四年（公元783）十一月，《资治通鉴》卷229云："淮南节度使陈少游，将兵讨李希烈，屯盱眙，闻朱泚作乱，归广陵，修堑垒，缮甲兵。"所谓"修堑垒"，无疑指修筑城墙和护城河。五十五年后，唐开成三年（公元838）九月，日僧圆仁在《人唐求法巡礼行记》中所记的扬州城，"南北十一里，东西七里，周四十里"，应是陈少游所修的扬州城。但陈少游是始筑扬州城，还是重修扬州城，从《通鉴》所记尚难确定。[1]

另有学者认为隋炀帝时期已建有罗城，其范围在唐罗城的北部，其城墙最可能的情况为：

> 由观音山向南至五亭桥西偏北河道转折处一线为罗城西界；由五亭桥西偏北处向东沿瘦西湖北岸，经长春桥、凤凰桥至高桥附近一线为罗城南界；由观音山蜀冈南沿向东，经铁佛寺至扬州东风砖瓦厂为罗城北界；由扬州东风砖瓦厂向南、循古河道（俗称浊河）西岸经黄巾坝至高桥附近为罗城东界。[2]

亦即南以今瘦西湖B段经长春桥至漕河为界，包括唐罗城的北半部分。

综合考古与文献资料，我们认为，隋代江都建有罗城是无疑的，只是具体情况尚待进一步探讨。考古发掘表明，唐罗城东西城墙的

---

[1] 扬州城考古队：《扬州城考古工作简报》，《考古》1990年第1期，第43页。
[2] 顾风：《隋江都罗城规模的蠡测》，《武陵学刊》2010年第1期，第120页。

北段两座城门为三门洞，与子城南门相同，而与其他罗城城门不一样。这意味着罗城北部确实与南部存在着一定的差异。隋代江都郡又是全国有数的大郡，户115524，在南方高居第一；且其辖16县，"东渐大海，西包滁、泗，南割江东，北距长淮，延袤二三千里，自置郡以来未有若斯之雄也。"[1]特别是跨江而统延陵、句容、曲阿三县，在长江下游地区，为空前绝后之现象。而广陵城为隋炀帝的江都宫，加之扬子宫（临江宫）、后改为禅智寺的隋故行宫，以及归雁宫、回流宫、九里宫、松林宫、枫林宫、大雷宫、小雷宫、春草宫、九华宫、光汾宫等长阜苑十宫[2]，炀帝又长期驻跸江都，隋炀帝大业六年"制江都太守秩同京尹"[3]。这一切都表明，炀帝时期，江都郡在全国具有特殊的地位，江都虽未被正式定为陪都，却有陪都之实。以是之故，子城南门、罗城东西门之形制才有可能同于京城门洞的形制，而这，在唐代是不可能的。

正因此，江都罗城的建设也当在炀帝时期奠基。而史料中又没有炀帝大规模营建江都城的记载，故江都罗城在炀帝时候很可能并未建成。当是时，江都罗城的修筑可能是陆续进行的，而且直到炀帝遇害身亡，也只是建设了部分城墙和城门。我们注意到，在考古发掘中，除浊河与邗沟（北江）外，并没有探测到唐罗城有第三条东西向的河流，而这也可以与文献记载所印证。沈括《梦溪笔谈·补笔谈》在记述二十四桥时，除了二十四桥与下马桥直南九桥外，并没有提及城内的其他桥，考虑到城内街道纵横，有河必有桥的规律，

[1] 汪中：《广陵通典》卷六，广陵书社，第83页。
[2] [宋]乐史撰、王文楚等点校：《太平寰宇记》，卷123，中华书局，2007年，第2444页。
[3]《隋书》卷三《炀帝纪上》，中华书局标点本第75页。

唐罗城内很可能只有沈括所记的那几条主要河流，即今考古复原图所绘诸河。事实上，作为下文会说到，漕河是后周末北宋初建筑宋大城而挖的护城河，瘦西湖 B 段则很可能是为了补充南宋扬州城护城河的水源而凿通的。我们历史研究工作者，不能仅从现存河道水系与城垣布局的关系，去推测古代的情况，这样做有将后代事实掺杂进前代比附的嫌疑。另外，在唐罗城北垣之下的地层，今天发现了不少隋唐之际的墓葬，这也充分说明隋代这一带不可能修建城墙。

因此，隋炀帝修筑江都罗城，开挖护城河，并在罗城西北角开凿九曲池，引蜀冈山涧之水灌之，遂形成了瘦西湖 A 段的雏形。即自大明寺东，也就是蜀冈中峰、东峰山涧南端开始，沿着罗城西墙直向南，至少到达三洞西门南端，今瘦西湖 A 段起码形成了一半。

唐代罗城城郭完全建成，不知始于何年。文献记载最早的修城年代，确为建中四年（783）陈少游"修堑垒"，但当时局势复杂，次年陈即去世，以扬州城如此大的规模，要在一年时间内竣工，以当时陈少游的条件，似乎不大可能。唐僖宗乾符六年（879），高骈任淮南节度使兼盐铁转运使，"缮完城垒"[1]。这一次当是重修，因为以中晚唐军阀混战的局势，扬州城不至于到此时才把城墙修筑完成。而曲英杰《扬州古城考》以为在唐武宗会昌年间曾扩筑城市[2]，亦未免失之过晚。曲先生之所以有如此推论，在于对《唐会要》卷 79 所载会昌五年（845）诸道判官员额新规的误解，进而推断韩绰任职扬州年份，再进而推论罗城扩筑当在会昌年间。事实上，淮南一道判官远不止一人，照该奏条推知当有七人（包括营田判官），

---

[1]《新唐书·高骈传》，中华书局标点本第 6394 页。
[2] 曲英杰：《扬州古城考》，《中国史研究》2003 年第 2 期。

即便不算推官、掌书记等广义的判官，至少也当有节度判官和观察判官各一员，因此，曲先生结论的前提不能成立。其实，唐敬宗宝历二年（826）王播开城外十九里新运河，即暗示了罗城的范围与规模。唐城内官河原为运河，经常淤塞。唐德宗初年，陈少游的继任者杜亚即曾开拓疏通过。所以王播干脆在城外另开新河，史载：

> （宝历二年春正月）丙申，盐铁使王播奏："扬州城内，旧漕河水浅，舟船涩滞，输不及期程。今从阊门外古七里港开河，向东屈曲，取禅智寺桥，东通旧官河，计长一十九里。其功役所费，当使自方圆支遣。"从之。[1]

众所周知，这条新运河即是沿用至今的扬州城东南的"古运河"，刚好绕唐罗城的南垣和东垣而过。如果当时新运河的西、北两面不是城区，运河的走向不可能如此。作为原始材料，王播的这一段奏语极其宝贵，我们可以从中得到一些非常有用的信息。该运河全长19里，是从"古七里港"至"禅智桥"。根据圆仁的记载，从禅智桥到东水门为3里[2]。又据考古实测，东水门沿着东南城墙至南水门，长5千米余，合唐小里11里多，这样共计14里多。至于七里港，万历《扬州府志》、万历《江都县志》与《读史方舆纪要》均谓在城东北十里，显然与王播的奏文不符。王播所云"七里港"在"阊门外"，《旧唐书·王播传》更明确说是"城南阊门西七里港"，揆诸宋明运河走向，此"七里港"必在扬州城南郊无疑。而万历《扬

---

[1] 刘昫：《旧唐书》卷17《敬宗纪》。卷164《王播传》基本相同，惟用词少异："时扬州城内官河水浅，遇旱即滞漕船。乃奏自城南阊门西七里港开河，向东屈曲，取禅智寺桥通官河。开凿稍深，舟航易济，所开长一十九里。其工役料度，不破省钱，当使方圆自备，而漕运不阻。后政赖之。"
[2] （日）圆仁著，白化文等校注：《入唐求法巡礼行记校注》，石家庄：花山文艺出版社，2007年，第23页。

州府志》、万历《江都县志》同时也记载了城南三里有"七里沟",《江都县志》并言"与官河通"[1],也许就是王播所谓的"古七里港"[2]。明代扬州城南墙与唐罗城南垣局部重合,即是说若取直线距离,不考虑古今里制之不同,唐罗城南垣以北四里是古七里港"七里"之数的起始点。这个结论似乎与曲英杰先生的推测是一致的[3]。以此距离计算,此新开运河长17里多,尽管运河的河道也会有弯曲,但与19里还是有一定的差距。实际上,明代一里比唐小里要长得多。据陈梦家《亩制与里制》,"明营造里应同于清康熙时营造里而略小于乾隆时营造里",而康熙里长572.4米,唐小里只有442.5米[3],因此明代3里长1717.2米,约合唐小里4里。当然,"城南三里"也只是概言之,并非绝对是1717.2米。这样,加入里制变化这一参数,即便不考虑河道之曲折,新运河从古七里港至禅智桥亦长18里多。综合实际操作中的其他因素,恰好与史料记载中的长19里相合。因此,唐代罗城确曾南扩过,但南扩并非4里,而是3里左右。

李裕群《隋唐时代的扬州城》一文引用墓志和诗文证明,唐初罗城尚未筑成,唐肃宗乾元年间当已建造[4],应该是比较接近实际情况的。惟安史之乱前的扬州罗城,可能并未达到南北十三桥(即十三条街)的规模。安史乱起,中原荼毒,此后北方战事不断,迫使大量人士南迁。扬州既是大都督府(政治地位高),又是淮南节

[1]万历《江都县志》卷七。
[2]纪仲庆《扬州古城址变迁初探》(《文物》1979年第9期)认为今莲花桥一带即唐阊门,城西之七里甸即古七里港在,王播所开新运河乃从七里甸向东经廿四桥进保障河,再向东经凤凰桥、高桥北上黄巾坝进入旧官河,再向东至湾头入运河。方位与走向都存在严重问题,此不取。
[3]曲英杰《扬州古城考》(《中国史研究》2003年第2期)以为圆仁所见之扬州罗城南垣当在"新桥"一线,南距扩筑后的罗城南垣约4里。
[4]陈梦家:《亩制与里制》,《考古》1966年第1期。
[5]李裕群《隋唐时代的扬州城》,《考古》2003年第3期,第73页。

度使的治所（军事力量强），还是盐铁转运使的常驻地（经济前景好），加之其是南北大运河与江海航运的总枢纽（交通便利），遂成北人南渡的理想之地。各色人等的大量聚集，必然使得原有城市规模不堪重负，于是居民缘城外而居的现象不可避免。而四方城郊，最适合的居所，无疑是繁华的官河与南北大街的向南延伸处。数十年的累积，当在城南造成了一大片的居民区。在公元783年陈少游修建城垒之后，826年王播开城外运河之前，鉴于当时烽烟四起的乱局，以及扬州为唐东南政治保障、全国经济中枢的重要性，这一片地区可能会被纳入城区，而在其西、南、东三面修筑城墙。这一过程可能是地方当局陆续完成的，而非大规模的国家行为，因此在正史中没有留下明确记载（参见图1-3）。

可是，这种推测虽然能够解释宝历二年（826）新运河所以如此走向的问题，却又与开成三年（838）圆仁日记的记载矛盾。《入唐求法巡礼行记》云："扬府南北十一里，东西七里，周四十里。"[1] 若826年前扬州城已经形成了南北十五里的规模，圆仁为何不记当时的规制呢？我们认为，圆仁的这一段记载，根据原文所述，并非是他亲自勘测的，而是从别人那里听来的。告诉他的人可能记得原来的规模，对于扩建后的城市，也许并不十分清楚，这是其一。其二，圆仁的这一段记载，错漏很多，这一组数字并不一定十分可靠。如他记淮南节度使辖7州，只记6个州名；扬州属下7个县，也漏了江都县；而台州本属江南（东）道，他却一会儿记成江南西道，一会儿又说是属岭南道；其余关于十道所属州数，也与传世文献不符。

---

[1]（日）圆仁著、白化文等校注：《入唐求法巡礼行记校注》，石家庄：花山文艺出版社，2007年，第44页。

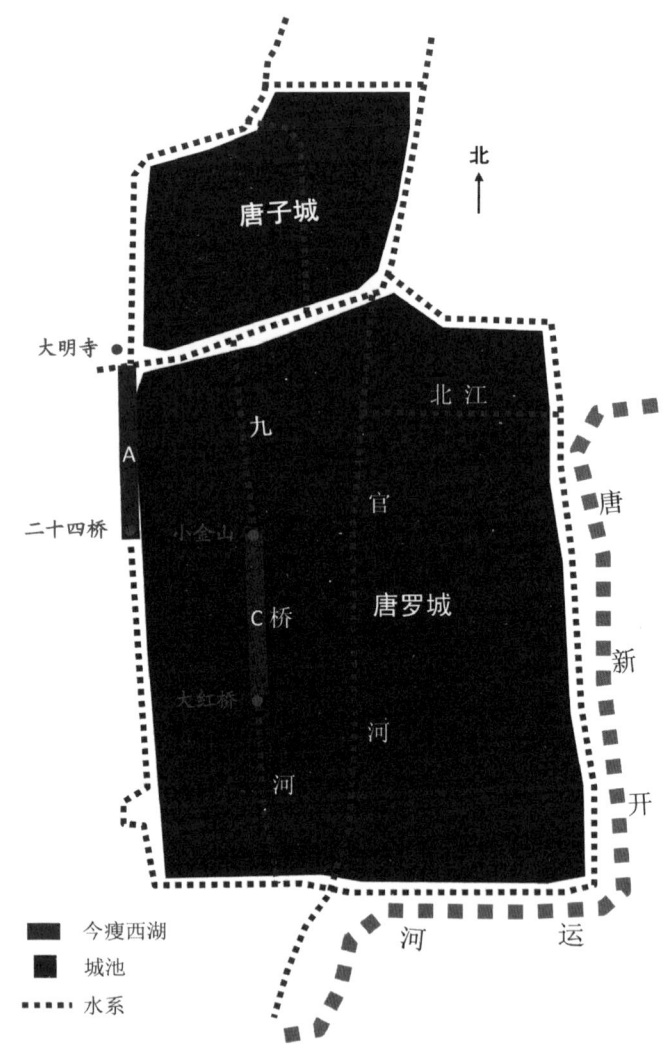

图 1-3 唐末扬州城池水系示意图

因此，圆仁所记，其亲历的，是极其宝贵的史料，我们必须重视；但对于他道听途说的内容，我们也不可盲目相信，视作绝对可靠的论据。

话说回来，本书讨论的是瘦西湖，所以姑且不论罗城南扩规模多大，也不论究竟何时南扩，总之在安史之乱前的盛唐时代，蜀冈下罗城西城濠至少已经囊括了今瘦西湖的 A 段。也就是说，最迟到盛唐年间，瘦西湖的 A 段水体已经形成。

1.2.2　南宋时期：瘦西湖 B 段水体的形成

既然瘦西湖南北向的 C 段和 A 段水体已经先后构建，那么连接这两段的东西向的 B 段水体，又是何时成形的呢？

上文已言，无论是文献记载还是考古发掘，都表明唐代尚无瘦西湖 B 段水体。但今莲花桥南原有法海寺，其南之法海桥至今尚存。万历《江都县志》卷七载："法海桥，在法海寺前，嘉靖四年扬州卫指挥使火晟造，马驷有记。"嘉庆《扬州府志》、光绪《增修甘泉县志》、民国《甘泉县续志》等因袭不改。然据明代马驷《重修法海桥记》，该寺"创造经始莫可考"，"旧有石桥，建始亦莫可考"[1]。魏禧《重建法海寺记》云"府志载，寺创于元至元，明初重建之，增修于正统"[2]。揆诸万历《江都县志》等其他史料，法海寺确为僧为正于元代至元年间创建，而法海桥的建造时间，也应当不晚于建寺。元代有两"至元"，一般所指为前至元，即公元 1264—1294 年，大约同时，观音山上的观音禅寺亦由僧申律复建[3]。也就是说，元初已有法海桥。以扬州当时的地理环境，既然有桥，其下必有水。而法海桥正当瘦西湖 B 段之枢纽，其下有水，则其东、西河段必然有水，如此，则瘦西湖 B 段水体的形成最迟不晚于元初。

---

[1] 马驷：《重修法海桥记》，载于汪应庚《平山揽胜志》卷三，广陵书社，2004 年，第 52 页。
[2] 魏禧：《重建法海寺记》，《平山揽胜志》卷三，广陵书社，2004 年，第 51 页。
[3] 万历《江都县志》卷十一。又据《平山堂图志》卷一和《平山揽胜志》卷八，该地宋代原有摘星寺，宋元之际毁于兵火，元初当重建寺庙，而另取名字。

根据宋元间扬州城的实际情况，我们可以进而推论，瘦西湖B段水体南宋早期当已存在。众所周知，宋代扬州有著名的三城，即州城（大城）、宝祐城（堡寨城）、夹城，另外，南宋末年，平山堂一带，尚建有面积极小的平山堂城。一般所称的"宋三城"中，州城建筑的时间最早，为五代末年。

> （显德五年二月）丁卯，驻跸于广陵，诏发扬州部内丁夫万余人城扬州。帝以扬州焚荡之后，居民南渡，遂于故城内就东南别筑新垒。[1]

此"新垒"，即"周小城"，北宋初李重进曾毁而又建。据雍正《扬州府志》："宋初李重进毁之，复葺旧南半为城。"但李焘《续资治通鉴长编》卷一仅曰："重进得诏，愈不自安，乃招集亡命，增陴浚隍，阴为叛背之计。"不知雍正府志云"复葺旧南半为城"所据为何。

按：宋代扬州的州城，称为"宋大城"。其形制、规模已确知，《宋会要》记其周"十七里一百七十二步，计三千一百四十六丈"，与今天考古实测10110米基本相符。其东、南两面仍唐罗城旧垣，城外即运河；其北护城河，即今漕河；西垣临唐罗城西部之"九桥河"，即今二道河与瘦西湖C段，南起今荷花池，北至今长春桥北。于是唐下马桥直南之九桥，全在宋大城西门之外；而不通船之"九桥河"，遂成了宋大城之西城濠。换言之，今瘦西湖之C段，亦成了宋州城护城河的一部分。

后周世宗在缩建新扬州城的第二年（959）就去世了，第二年

---

[1]《旧五代史·周世宗纪五》，中华书局标点本第1568页。

宋太祖黄袍加身，作为周太祖外甥的李重进遂反，按雍正《扬州府志》的说法，是在韩令坤所筑周小城的基础上再次缩建，"复葺旧南半为城"。而宋大城又是沿用李重进所筑之城，如果这种说法属实，则周"小城"其实比宋"大城"大。李重进不数月即败亡，也就是说其即便曾改筑扬州城，也不可能大规模的改建，很可能只是把东西城墙缩短，将北城墙南迁。联系当时兵凶战危的局势，后周亦只是发丁夫万余，其北城垣很可能紧靠唐代的"北江（即今所谓邗沟[1]，漕河北边黄巾坝一线东通古运河的那条河）"，即以北江作为护城河。李重进所筑宋大城，是以其南边的"漕河（迎恩河）"为北护城河，所以叫"葺旧南半为城"。而无论韩令坤还是李重进，其筑城都很仓促，没工夫大兴土木，去开凿沟通今瘦西湖 A 段（唐罗城西护城河）与 C 段（周州城西护城河）的东西向新河道（B 段）。也就是说，瘦西湖 B 段的开凿，至早也要到北宋时候了。

《舆地纪胜》载："庆历八年二月，欧阳修来牧是邦，为堂于大明寺庭之坤隅，江南诸山拱列檐下，若可扳取，因名之曰'平山'。"每逢暑日闲时，携客往游，往往侵夜，载月而归。以扬州河网密布的环境，欧阳修由州衙往平山堂，只能乘船前往，而其所选河道，应该是由市河（唐官河）往北，折向西进入蜀冈南麓的浊河，直到平山堂。此后苏轼在平山堂旁建谷林堂，其往来堂、城之间应该也是遵循着这条线路。因此，从北宋的传世文献很难看出瘦西湖 B 段

---

[1] "邗沟"是一个极易混淆的名称，扬州市区一带，古今邗沟所指主要有三条不同的河：第一条是吴王夫差所开并为汉晋所沿用的邗沟，即唐代的"九桥河"，今二道河和瘦西湖 C 段一线，本书一般称为古邗沟；第二条是隋炀帝所开的新邗沟，即唐代城内的南北向"官河"、宋代市河、明清文河，今汶河路和玉带河一线；第三条是今黄巾坝一线习称的"邗沟"，唐代称为"北江"，为东西流向，与汉、唐的邗沟均不同。

开通的迹象。

但情况在南宋初年急转直下，金人大举南侵，南渡后的赵宋朝廷把扬州当做抵御金兵的重镇，遂于淳熙年间先后修筑了两座新城，一座是位于蜀冈上的堡寨城[3]，一座是介于堡寨城与州城之间的夹城。其中堡寨城又称堡城，宝祐年间重修后，又叫宝祐城。根据考古发掘，堡城乃截取唐子城的西部改建而成，即今天蜀冈上的西城，周长约5000米，与嘉靖《维扬志》载"周围一千七百丈"，以及《扬州重修城濠记》云"周九里十六步"吻合。不过其与瘦西湖的关系不大，此略。

夹城，《扬州重修城濠记》云："大城与堡城相去余二里，属以夹城，如蜂腰……濠计七百三十一丈。"今天考古实测夹城周长2580米，周围围以城濠。夹城的修筑，本即为了加强堡城与州城的联系，使三城成为一个防御的整体。所以它的建设，不仅是修建城墙，还在四周深挖濠沟，尤其是东、西、北三侧，护城河特别深广，今天扬州笔架山周围的大片水体，主要就是当时形成的，其中北面护城河是在唐浊河的基础上疏浚扩大的，西面的水体则是拓宽了唐"九桥河"的北部，南面的城濠沿用了宋大城的北护城河，只有东面的护城河是新挖的水体。不但如此，夹城四周的护城河还与堡城、州城的城濠连接成一个更大范围的水系，这样，对于北方游牧民族擅长的骑兵就是一个极大的阻碍。不过，这样庞大的水系也需要足够的水源才能维持，否则其威力就将大大降低。北部和南部的水源都比较好补充，因为有唐城护城河的基础。中间地带的水源就有些缺乏，而由于夹城的修筑，中部地区反而是最需要补充水源的。从

---

[1] 顾祖禹：《读史方舆纪要》卷23，中华书局，第1115页。

夹城所处的位置来看，从西边补充水源更为方便，而且，扬州西边有甘泉、金匮以及蜀冈西峰、中峰等山涧溪水，水源也不成问题。民国《甘泉县续志》曰：

> 曰蜀冈南麓诸水：平山堂与观音山交界处，有涧水冲出，山下有坞，上有池，即古九曲池故迹（……）[1]坞中之水南流，西受破山口水，又南受吴家砖桥及廿四桥西来之水（……）东流旧绕莲性寺前，过法海桥，通保障湖，为古炮山河故道，自莲花埂凿开新河，水由莲花桥出，遂不由法海桥矣（……）吴家砖桥与廿四桥相连，其西诸水之源于山者，一自卜家桥来，一自三里桥来。卜家桥之水西北受陈家山头、玉墩塘及金匮山水（……）并受七星墩、张家碾子头之水……东南通吴家砖桥、廿四桥。三里桥之水，西北受莲花汦、七里甸水……东北通廿四桥、吴家砖桥。其由廿四桥南流者，旧通西门外之双桥，今淤塞。[2]

即是说，瘦西湖B段的水源，既有北来的平山堂坞水（蜀冈诸峰之涧水所汇集）、破山口水，亦有西来的吴家砖桥、廿四桥之水（二桥相连，可视作一条水）。而吴家砖桥之水又是汇集城西诸山之水而成，计有陈家山头水、玉墩塘水、金匮山水、七星墩水、张家碾子头水（以上汇成卜家桥之水）、莲花汦水、七里甸水（汇成三里桥之水）。以此看来，瘦西湖B段供水无虞。这些水在唐代，沿着西护城河南北而流。北宋时期，城防不重要之时，宋大城的护城河也许并不需要这么多水，仅从"九桥河"两头与城外运河补充水源就够了。但夹城一筑，三个城护城河的用水量剧增，需倚之来抵御

[1]自注省略，下同。
[2]民国《甘泉县续志》卷三中。

女真骑兵的肆虐，保障城市的安全，因此，沟通夹城、州城城濠与吴家砖桥一带水系，就显得尤为必要了。退而言之，东西向挖一条"阻马河"，在南宋的特殊军事环境下，不管怎样都是有利的。基于此，我们认为，瘦西湖B段（连接今天二十四桥与小虹桥的东西向河流）应该始于南宋时期，即便不是在修筑夹城的同时，也当在此后若干年内。

而且，瘦西湖的前身是保障河，或曰保障湖（因为水体狭长，故称河，而河道稍宽处，亦可称湖，二者往往混称），这已是学界的共识。下文我们就从保障河得名之年代，来论证其形成之时间。

首先，我们要弄清楚保障河与瘦西湖究竟是什么关系，这并不是一个简单的问题。清初吴绮《扬州鼓吹词》"小金山"条谓：

> 城北一水通平山堂，名瘦西湖，本名保障湖。其东南有小金山焉，在城北约二三里。[1]

吴绮活动于顺治、康熙年间，这是传世文献中有关瘦西湖的最早记载，较之后世广为流传的"也是销金一锅子，故应唤作瘦西湖"一诗，要早得多[2]。而该文明确瘦西湖是通往平山堂的城北之湖。按：明末清初扬州城北通平山堂之水有两条，一条是由虹桥、长春桥一路北上，抵蜀冈脚下，折而西行，经观音山南，与平山堂坞汇合。这一条河水年代很早，可能始于春秋战国时期的邗沟与广陵城濠，并为汉晋时代所沿用，至唐代演变成"九桥河"与"浊河"，南宋时期更全部成为护城河。光绪五年《扬州府志·城图》中，保障湖

---

[1] 参见《扬州丛刻·扬州鼓吹词》，载于《中国方志丛书·华中地方》第3号，（台湾）成文出版社有限公司印行，第413页。
[2] 该诗作者汪沆（1704—1783），以生平推断，诗当作于乾隆年间。较之吴绮（1619—1694）作《扬州鼓吹词》的时代，要晚得多。

在蜀冈南、笔架山北，今天这片水面依然叫保障湖。另一条也是发端于虹桥，但在小金山附近即转向西流，过法海寺，在廿四桥附近转而北行，直达平山堂。后者就是我们今天习称的瘦西湖。

> 城西一里曰炮山河，又曰保障河。
> 又西一里曰龙河（河在炮山河前，通东运河）。
> 又西二里曰保扬河，亦曰新河。

万历《扬州府志》亦云："炮山河（城西一里）。"前引《甘泉县续志》谓"东流旧绕莲性寺前，过法海桥，通保障湖"，亦即指此。李斗《扬州画舫录》亦云"梅岭春深即长春岭，在保障湖中"。《甘泉县续志》云"保障湖无考，疑以保障河得名"，实际上，既然笔架山北与小金山周围两处都叫"保障湖"，无非因为这两处水面都比较宽广开阔，即所谓"长春岭四周湖水广阔"[3]，所以易河为湖而已。既然如此，那么保障河至少北抵下马桥，南达红桥（大虹桥）。

《平山堂图志》所记炮山河的范围最广：自平山堂起，往南至廿四桥，转向东过莲花桥、法海桥二桥，抵长春岭，分为两派，一派北上长春桥，东北流，是为草河（迎恩河），达运河；一派南流，至虹桥以南，又分为二股，一股直南到砚池，折而东通运河；一股绕倚虹园至卷石洞天，再分为二支，一支东流过慧因寺达运河；一

> 保障河一曰炮山河，南通古渡桥，北抵红桥，西绕法海寺。明崇祯十年开，雍正十年知府尹会一重浚……市河自便益门外高桥运河口起，历保障河、砚池口，至南门外二道沟接运河。

以这种说法，则保障河的范围北边只到小金山，西边至法海寺，

[1]民国《甘泉县续志》卷三中《河渠考》。

南边则达古渡桥了。《甘泉县续志》正文似乎也认同此说：

> 长春岭四周湖水广阔。又南为保障河，即炮山河（……）会北门城濠之水，为西门外濠，过西门二钓桥，南入江都县境，汇为南湖及砚池，东南出二道沟口接运河。

但注释却云：

> 案：《方舆纪要》言："保障河在府西四里。城北三里旧有柴河，东达官河，西接市河入城。而城西一望平原，别无濠堑。崇祯十年始自柴河口引城东运河，绕西郭，折而西南，接城南二里之宝带河，仍合于运河，延袤十六里。时又于近河东岸，缘垒为城，上设敌台，以备流寇，因名之曰'保障'。"据此，则自小石桥，东南接迎恩桥，西南接长春桥、法海桥，南抵红桥，皆当日河道所在矣。

查《读史方舆纪要》原文，"保障"为"保扬"，"保障河"为"保扬河"[1]，亦即上引万历《江都县志》之保扬河，叙事大同小异[2]。而在《县志》中，保障河与保扬河并列，且位置也不同，显然并非同一条河，保扬河并有"新河"之称，当指其系新浚之河。这也说明，保障河（炮山河）并非如《甘泉县续志》，以及雍正《扬州府志》所断言的"崇祯十年（1637）开"。其形成之年代远在此之前，至少成书于1603年的万历《扬州府志》已有炮山河之名。又，万历《扬州府志》卷12《盐法秩官传·叶思铭传》记载：

---

[1] 顾祖禹：《读史方舆纪要》，第1119页。
[2] 万历《江都县志》成书于万历己亥年（1598），为何会记述崇祯十年（1637）的情形，颇堪奇怪。今本当系后人增删过。

> 叶思铭，字克新，浙江义乌人。正统七年以前军都督府经历升任专理鞫所事……遂乞致仕，未归，病卒。其子奉其柩卜葬于扬之保障河旁。诸孙蕃有以进士起家。

据此，则早在明代中期就已有保障河的叫法了。根据上文之考证，雍正《扬州府志》关于保障河的起源与范围的说法，既然不足为凭，那么明代保障河当主要还是指府城西北的"长春岭"一带。以明中前期扬州城的安定形势，保障河一名当是继承前朝而来，但蒙元一向不重城防，因此，保障河之名，以得自宋代的可能性最大。至于宋代保障河所指代的范围，至少应该涵盖北起笔架山以北，南到长春桥以南广大地区，所以后来两处相隔很远的地方，才会采用同一个名字——保障湖。

稍懂瘦西湖掌故的人都知道，乾隆二十二年（1757），巡盐御史高恒主持修建了五亭桥，而五亭桥本名莲花桥，以原莲花埂得名。高御史之所以要修建莲花桥，是为了便于画舫通过，因为原来莲花埂横亘南北，阻断了画舫通往平山堂。《平山揽胜志·法海寺》亦云："登平山者，自此舍舟步游为多。"[1] 既然如此，这一带似乎是不通船的，那么上述论述岂非毫无道理？其实不然。

《江都县续志》在说及今瘦西湖B段的时候，是这么叙述的："东流旧绕莲性寺前，过法海桥，通保障湖，为古炮山河故道"，对此，《扬州画舫录》有更详细的叙述：

---

[1] 汪应庚：《平山揽胜志》，广陵书社，2004年，第50页。

> 法海桥在关帝庙前，东西跨炮山河，炮山河受蜀冈、金匮、甘泉诸山水由廿四桥，出是桥，乃得与保障湖通，故炮山河亦名保障河。尹太守记云"襟带蜀冈，绕法海以南，通古渡"谓是。迨开莲花埂，浚河通山堂，湖上画舫皆过莲花桥，不复过法海桥，遂不知法海桥内河，正古炮山河故道也。是桥创建已久，府志以明火指挥重建为始，其时马知县驸记中有创造经始莫可考之语，惟法海寺建于元至元间，寺既有征，桥以寺名，自当断以元至元间为始。

二者在此的用语都是有讲究的，法海桥以东叫保障湖，以西叫炮山河。炮山河因为"与保障湖通"，故"亦名保障河"。但炮山河本来因何得名？查今天二十四桥至莲花桥的东西向河道两岸，并无任何与"炮山"有关之物，看来还是嘉庆《扬州府志》得其实："保障河（在城西一里。一曰炮山河，盖音伪也）。"即是说法海桥以西的炮山河本来也就是保障河，与其东的保障湖一样，很可能源自宋代。正因其早在宋代就已得名，所以时代久远就会产生讹误与转音，保障河就变成了更俗语化的炮山河。但是，《扬州画舫录》这段话的重点乃是法海桥，其指明保障河本来由法海桥下流过，是很有见地的。

综上所述，瘦西湖固然与保障河存在着一定的前后继承关系，但二者所指代的河道范围并不一致。今天的瘦西湖，北起平山堂坞，南流至二十四桥，折而向东，过五亭桥，至小金山，再转向南，直到大虹桥南，转东流至天宁寺，全程分为A、B、C、D四段。而保障河不仅历代所指不一，即便同一时代的人也各执一词，范围参差复杂，所以保障河与瘦西湖并不能完全画等号。

另外，今天瘦西湖水体的完全形成，并非始于乾隆年间巡盐御史高恒开莲花埭，而是早在南宋时期。当时为了抵御金兵南侵，除了构筑三城联防体系，还在每座城池周边广掘护城河，形成了水域四通八达的保障河，今瘦西湖B段，就是这一保障河网络的一部分（参见图1-4）。只不过当时的瘦西湖B段，并不是东西笔直流过莲花桥下，而是曲折流经"陆地莲花"以南的法海桥一线河道。

1.2.3 元末：瘦西湖D段水体的初成

元末，朱元璋的势力在农民起义中逐渐壮大起来。至正十七年（1357），朱元璋的部下张德林率军攻占扬州，"张德林以旧城虚旷难守，乃截城西南隅，筑而守之"[1]。这就是明代的扬州旧城，只是依照一般的历史分期断代，此时朱元璋尚未正式建立明朝，全国法理上还是蒙元的天下，所以明代旧扬州城其实修建于元末。

明清扬州城的规模与城墙是有确切记载的。嘉靖《维扬志》载"城周九里二百八十六步四尺"。据蒋忠义文，"从解放前的地形图上看，旧城为长方形，其东北角稍向内抹，南北长约2000米，东西宽约1000米"[2]。对照今天的扬州市地图，即西沿二道河，北为护城河西段，东界小秦淮河，南临古运河的一段，西南角为荷花池。其东北角并非方正的，而是稍向城内弯折了一定的弧度，在今冶春园附近斜向东南筑墙。这样，从今天大虹桥南边的"虹桥修禊"，至冶春园的护城河（我们将之称为瘦西湖D1段），就在元末形成了（参见图1-5）。

至此，从隋炀帝时代起，至元末的700多年时间里，经过隋唐罗

---

[1]《明太祖洪武实录》卷七。
[2] 蒋忠义：《隋唐宋明扬州城的复原与研究》，载《中国考古学论丛》，科学出版社，1993年，第448页。

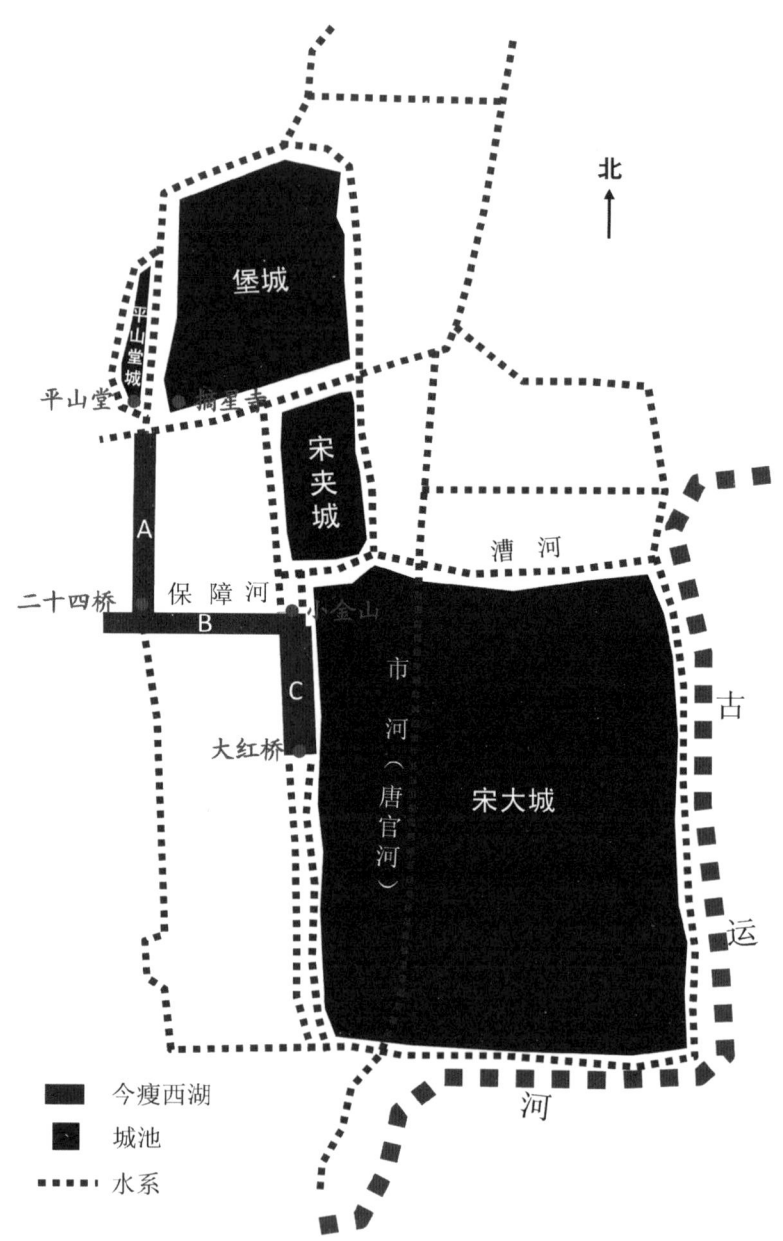

图1-4 南宋末年扬州城防水系示意图

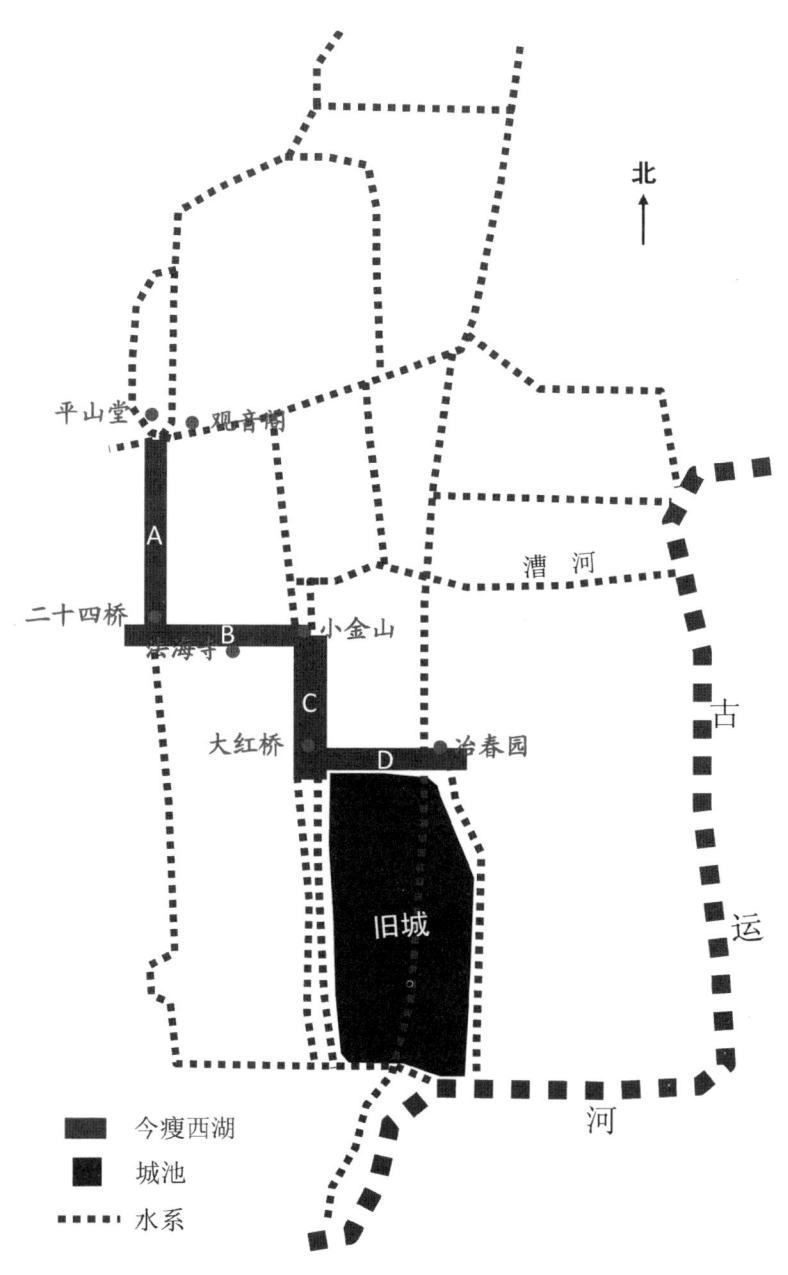

图 1-5 元末明初扬州城与周边水系示意图

城、宋大城与夹城、明旧城的修筑，其城濠逐渐联成一体，逐渐构筑了北起平山堂坞，向南经熙春台，东转过法海桥至小金山，再南折抵大虹桥，稍南又转向东经老北门桥下，最后到达冶春园，这样一条绵延十来里的曲折水道。而这条水系的成形，要么是直接起源于护城河的开凿，如平山堂至熙春台、桃园至小秦淮北端两段；要么是曾经一度做过城濠，如后周末年至元代后期（958—1357），长春岭（小金山）至大虹桥以南一段；要么与护城河有着千丝万缕的联系，如熙春台至小金山一段，其开凿一方面是为了给宋三城的护城河提供水源，另一方面也承担了部分外护城河（即所谓保障河）的功能。因此，我们将隋代至元末的这段时间，归纳为瘦西湖古城濠水系的成形期。

1.3 第三阶段：瘦西湖水系的精细化时期（明清以来）

自从元至正年间修筑了隋代以来最小的扬州城之后，瘦西湖水系的骨架就形成了。此后数百年，就是对这条水系进行疏浚、修缮和局部改建、扩建，所以我们将这一阶段定性为瘦西湖水系的精细化时期。这一时期，与瘦西湖水系有关的，值得注意的事情有四件：一是明代新城护城河的开凿，二是明末保扬河的修建，三是莲花埭的毁弃和莲花桥的兴建，四是清代乾隆年间瘦西湖的拓宽与大整修。其中第二件事，前文论述廿四桥至小金山一段时，已经阐述过，不必重复。此处我们着重论述另外三件事。

关于新城护城河的开凿，并非如一般人所认为的那么简单，就在新城建成的那年同时开挖了护城河。据万历《江都县志》卷七，新城"起旧城东南角楼，至东北角楼止，周十里，共一千五百四十一丈九尺，高厚等旧城，城楼五门……东南依运河为濠，北濠则引河注之。是役也，经始于丙辰之二月，迄十月而竣工。时以倭变，用副使何城、举人杨守诚之议而城也。"又曰："万历二十年，知府吴秀以西北濠久堙，始浚之。"似乎并无异常之处，万历、嘉庆《扬州府志》等亦然。但民国《甘泉县续志·河渠考》却云："案：吴秀记谓'新城北面无濠，缙绅先生及父老请所以凿之，如浚旧濠议'。"也就是说，名义上万历二十年（1592）是疏浚新城的北城濠，但其实是开凿新城濠。为什么单单只开凿北面的城濠呢？因为嘉靖三十五年（丙辰，即公元1556年）所建新城，其西城濠是共用旧城的东城濠，也就是小秦淮河；而其南边和东边的城濠，则是古运河，不用另建城濠。其实，明代的扬州旧城，是截取宋元的州城西南隅而成，新城则不出宋大城东南隅的范围，正因此，在建筑新城之时，东、南、西三面的城濠都有了。而当时建城主要是防御来自东、南方向的倭寇，故未开凿北面的护城河。直到36年后，当地百姓才敦请当局打通了这段水路，从而使得扬州城的护城河水网全面贯通。于是，瘦西湖水系得以往东直通运河，瘦西湖古城濠水系因此得以抵达天宁寺，整个水系完全成形（参见图1-6）。

时至今日，无论扬州市民，还是专家学者，都认为莲花桥的始建者是高恒，这话没错，但也不全对。为何？确切地说，"五亭桥"的初建者是清代乾隆年间的扬州巡盐御史高恒，但"莲花桥"的始作俑者并不是他[1]，首先凿断莲花埂的也不是他。钱志进《重修法

---

[1] 注意，莲花桥与五亭桥是有区别的。莲花桥以莲花埂得名，莲花埂又以其南的半岛（今已成岛，即白塔所在的岛）形似莲花而名。故凡是建于莲花埂一带水面的桥都叫莲花桥，明末杨珣所建桥是，清代高恒所建亦是。但五亭桥则是特指，为高恒所始建无疑，杨珣所建之桥形制今不得而知。

海寺复堤，建塔院，置田始末纪事》载明末崇祯年间杨珽修保扬河时，曾经废堤为桥，一度形成了今天瘦西湖河道的顺直局面。但15年后，顺治壬辰（1652）郡人赵有成（号柳江）又毁桥成堤[2]，湖水再度由法海桥下曲折相连。后来雍正十年（1732）知府尹会一又疏浚过保障河，但并未打通莲花堤，仍是疏浚南边法海桥下的炮山河故道而已。直到乾隆二十二年，才再次凿通莲花堤，并修建了五亭桥，才最终形成今天瘦西湖的局面。

高恒不仅再次主导凿通莲花埂，修建了五亭桥，而且还参与了更为浩大的工程：全线整修、拓宽瘦西湖，自天宁寺往北一直到平山堂。赵之璧《平山堂图志·炮山河》云："河自尹会一重浚后，乾隆十五年、二十年、二十六年，巡盐御史吉庆、普福、高恒叠经挑浚，加深广曲折，点缀园亭，栽植桃柳。"[1]这几次重浚保障河，对于今天瘦西湖水文景观的完全形成，是有着重大意义的。原来的保障河，河道是陆续形成的，河道的深广并没有一致的规格，这几次大的挑浚，特别是乾隆二十六年的大疏浚，使得河道拓宽了许多，于是乾隆的御舟能够由御码头，直达西北的平山堂。我们认为，正是这种水系的精细化工作，最后完全促成了今天我们所看到的引人入胜的瘦西湖水文景观。

乾隆以后，瘦西湖水系的变化很小。即便间有疏浚之举，亦无关大局，本书从略。

[1] 参见汪应庚《平山揽胜志》卷三，第53页。
[2] 赵之璧：《平山堂图志》卷一，广陵书社，2004年，第10页。

1.4 小结

总的来说，扬州古城濠（瘦西湖）水系的历史源头，一是楚汉广陵城的西南护城河，一是古邗沟的蜀冈以南平原段，其中后者更是直接促成了今天瘦西湖小金山至大虹桥一段（C段）的水体。隋唐扬州罗城的西城濠，则奠定了瘦西湖大明寺至熙春台一段（A段）的雏形。南宋构筑三城联防体系时，广修保障河，新开挖的其中一段西起熙春台，东达小金山（今瘦西湖B段），在当时起到了补充水源和阻挡北方骑兵的作用。在此前后的四个世纪中，小金山至大虹桥一段水体，一直作为宋元扬州城的护城河而存在。元末修建"明旧城"，其北城濠即今"虹桥修禊"至冶春园一线（瘦西湖D1段），这意味着瘦西湖城濠水系的基本成形。万历年间开凿的新城北城濠，包括冶春园至天宁寺段（瘦西湖D2段），则标志着瘦西湖古城濠水系的完全形成。以后打通莲花埂，拓宽整个瘦西湖的河道，则是对瘦西湖水系的进一步完善。

瘦西湖水文景观的潜在价值，在于它是历史时期扬州城濠的演化体。换言之，瘦西湖本体的最大价值，就在于它是扬州城历史记忆的绝佳载体。此为其一。

其二，从瘦西湖水系的形成过程中，我们可以看到：瘦西湖水体，曾长期作为扬州城濠存在过。城濠又叫护城河，其主要作用就是"护城"，也就是说，瘦西湖历史时期的功能之一，就是战争防御，它是作为战争的代名词而出现的。不仅如此，瘦西湖水系的形成，本就源于扬州城的不断缩小与扩大，而促使其反复变迁的根本动力，就是战争的摧毁和压力。从这种意义上说，瘦西湖是带着"战争"基因的。但是，我们不要忘记，瘦西湖最初的源头乃是邗沟，虽说邗沟本因吴国北侵而修建，但其一千多年的岁月中，毕竟主要是用于和平运输、便利南北往来的。迨至明清，瘦西湖成为扬州郊野、园林风光的代名词时，其主要功能显然是和平的观光游乐。而且，在促成清代瘦西湖园林景观方面，满族的康熙、乾隆两位皇帝，起了巨大的作用。瘦西湖及平山堂的重建，一定程度上，本就是清代满汉和平的象征。从这种意义上说，瘦西湖又是"和平"的表征。因此，瘦西湖水文景观的另一种价值，就在于它是战争与和平的矛盾统一体，这在诸多名胜古迹中，也是不多见的。

第2章

瘦西湖
景观发展
的断代研究

WATER

所谓扬州历史城濠文化景观（瘦西湖），是指扬州历史上形成的城濠水系及辐射范围内的地理区域所呈现的一个综合景观，而清代形成的扬州瘦西湖景区，是其最具代表性的景观呈现。在历史城濠文化景观的概念范畴中，城濠水系本身只是有机组成部分之一，是景观形成的线索，而不是景观的全部。同时，城濠水系辐射范围内的地理区域的风貌及其历史文化的内涵等，才是该文化景观更为重要的内核。只有这两者结合在一起，才构成一个完整意义上的文化景观。

在第一部分水系形成的断代研究，我们已经就水系本身的发展演变的问题做了详细的阐述。而在第二部分景观发展断代的研究中，我们将会把视野放大到水系辐射范围内的地理区域，从景观这样的概念入手，展开进一步的论述。

扬州历史城濠文化景观，是以城濠水系为中心形成的景观，而其最具表现力和可作为参照基准的景观呈现，毫无疑问是清代中期乾隆六次南巡期间形成的瘦西湖的鼎盛风光。但是，当我们在回溯该文化景观的发展历史的时候，这一时期却恰恰应该被视作景观发展最靠后的一个阶段。因为我们真正需要解决的问题，是扬州历史城濠文化景观是如何发展到清中期那样一个鼎盛状态的？它经历了怎样一个渐进的过程？这一景观最后为什么会集中在这片区域等等。只有解决了这些问题，我们才能从整体上把握扬州历史城濠景观所承载的厚重的历史文化价值。

对于扬州历史城濠景观的大断代，我们倾向于以该景观发展的几个鲜明的阶段性特征为依据，将其划分为如下四个阶段：一是南北朝时期，我们将这一时期的特征归纳为景观的最初积淀时期。二是隋唐北宋时期，我们将其特征归纳为景观的文化奠定时期。三是南宋元明时代，我们将这一时期的特征归纳为景观的多元转型时期。四是清初至乾隆晚期，我们将这一时期的特征归纳为景观的复兴鼎盛时期。以下将分阶段逐一展开具体论述。

2.1　第一阶段：景观的积淀时期（南北朝时期）

一个文化景观的形成，绝非一朝一夕之功，它必然需要有深厚的历史文化积淀作为支撑。扬州历史城濠景观发展到清中期形成瘦西湖胜景，与该城濠水系及其辐射的地理区域的景观发展历史有着密不可分的关系。清代瘦西湖胜景之所以形成在那一片特定的区域，之所以呈现那样一种状态，说到底都是历史文化层累的作用。

我们认为，分析扬州历史城濠景观的大断代，不能仅仅局限于清代瘦西湖的水系范畴，也即今天意义上理解的瘦西湖的范畴。理由很简单，清代瘦西湖景观的最终形成，从历史发展源流上来看，可以说是对整个扬州历史城濠水系及其辐射区域内景观的一个逐步集中浓缩和不断精细化的结果。应该说，整个大的城濠水系范畴内的历史文化，都成为支撑起瘦西湖景观价值不可或缺的精神和文化资源。同样的，最终形成的瘦西湖景观，又反过来折射出了整个城濠大景观的历史文化价值。

因此，在研究扬州历史城濠景观的历史文化的最初积淀时期的时候，我们倾向于将视野扩宽到一个泛城濠的区域，即将城濠水体两岸辐射区域内可能与其后续发展相关的历史文化因素尽可能全面的纳入考察范围。我们知道，这样一种研究的展开，关键是依靠历史材料作为证据，然而事实上，在宋代以前，与我们所要研究的景观范畴相关的历史记载很少。尽管如此,我们还是能够从为数不多的材料中,抽丝剥茧地发现一些重要的线索。

我们目前能够看到的与扬州古城濠景观相关的历史记载,最早大约可以追溯到南北朝刘宋时期,因此我们研究的起点,应当定在这一时期为宜。南北朝时期广陵地区一度出现社会稳定发展的局面,由此有了真正意义上"景观"的出现。然而,社会稳定的局面没有持续多久,战争随即而至,战争的破坏给扬州带来了"芜城"的烙印,这一烙印同样也烙在了扬州城濠景观的历史记忆中,成为景观文化的一部分。形成于这一时期的一些古迹,在后世发展成风景名胜,成为整个古城濠景观发展史中的有机一环。总的来说,这一时期的城濠,在功能上主要还是以军事上的护城作用为主,但同时,作为一道水系,它的水文景观的功能也偶尔会得到些许的体现。

(1)徐湛之造园:景观记忆之肇始

扬州城的历史,最早可以追溯到春秋时期的吴邗城,及至战国楚,始得广陵之称。其后广陵之名屡见于史载,但限于史料记载的局限,我们对古广陵城的风貌,却始终不得详知。目前可见的最早与古广陵城的景观有关的史料,大概要数《宋书》所记南朝宋元嘉年间徐湛之在广陵修建园林的记载:

> 广陵城旧有高楼,湛之更加修整,南望钟山。城北有陂泽,水物丰盛。湛之更起风亭、月观,吹台、琴室,果竹繁茂,花药成行,招集文士,尽游玩之适,一时之盛也。[1]

---

[1] 见《宋书·列传第三十一·徐湛之》。

广陵城旧有高楼，湛之更加修整，南望钟山。城北有陂泽，水物丰盛。湛之更起风亭、月观、吹台、琴室，果竹繁茂，花药成行，招集文士，尽游玩之适，一时之盛也。

徐湛之是在南朝宋元嘉二十四年（447）任南兖州刺史后，开始在广陵活动的。根据上述记载，他在广陵做了两件事情，其一是重新修整了广陵城旧有的高楼建筑。其二是在城北陂泽（一般认为即雷塘所在处）修筑风亭、月观、吹台、琴室等园林建筑。由此我们看到，此时的广陵处于一个社会稳定的时期，而从徐湛之修建园林这一活动本身以及关于文士集会游玩情景的记载，说明此时人们休闲游览需求开始出现。

我们知道，社会大环境的相对平稳，公众休闲游览需求的出现，是景观发展的一个前提。那么，在此我们不妨做一个保守的推测，徐湛之建在城北陂泽的园林，应该不是当时广陵唯一的休闲去处，如果说这处园林是上层文士们聚会之地，那一般民众的休闲去处在哪里？当然，关于这一点，我们无法找到直接的史料记载。但是，既然有了民众休闲需求的存在，我们是不是可以进一步推测，古广陵城城濠水系和周边地带形成的自然风光景观，很有可能就成为当时民众休闲游览的选择。当然，没有直接的史料佐证，对于城濠是否成为景观的问题，我们只能停留在推测和假设的层面。

我们之所以把徐湛之造园的历史记载纳入城濠景观发展史的研究，是基于这样一种考虑：我们认为，这一段历史记载，在我们研究城濠景观的历史文化层累这一点上，有着至关重要的意义的。虽说徐湛之的园林是建在广陵城北的雷塘，与我们所界定的城濠范畴有一定的距离，但关于他建园的历史记载本身，却成为一种重要的历史文化资源流传下来，一方面这是最早见于史载的扬州繁荣历史的写照，另一方面也是扬州园林建造史上的一个重要标志。更为重要的是，因为古人所犯的一个错误，使得徐湛之造园的这段历史，和我们所要研究的扬州历史城濠景观的发展之间，也产生了直接的联系。清代吴绮（1619—1694）在《扬州鼓吹词》中记道：

> 小金山。城北一水通平山堂，名瘦西湖，本名保障湖。其东南有小金山焉，在城北约二三里。昔刘宋时期徐湛之建风亭、月观、吹台、琴室，植花药、种果竹，召集文士，尽游玩之适。至今虽历经重建，其迹仍在。风亭名未改，月观即东厅也，吹台今呼为钓鱼台。其厅悬有一联云："一水回还杨柳岸，画船来去藕花天"，则琴室也。每逢夏日郡人咸乘小舟徜徉其间以为乐。日夕归来，小舟点点如蜻蜓，掩映夕阳，直如画境，而扬州之风景游览亦以此为最盛焉。[1]

《宋书》明确记载徐湛之造园之处在广陵城北，断不可能在小金山。而据吴绮记载称，"风亭名未改"，可知其所见小金山上亦确有一"风亭"，该亭极有可能是借用了徐湛之所建"风亭"之名，正是因为这一点，引起了吴绮对"月观即东厅""吹台今呼钓鱼台"以及关于琴室的错误附会。而这一条材料，又恰恰向我们表明了徐湛之建园的历史对后世景观发展的潜移默化的影响，以及它是如何成为后世援引的一种历史文化资源的。而今日小金山内亦有风亭、月观、吹台、琴室四景，或是复建时引《鼓吹词》的错误附会为依据所致，因为在《扬州画舫录》和《平山堂图志》

---

[1]吴绮：《扬州鼓吹词》，收于《扬州丛刻》，广陵书社，2010年版，第413页。

等晚近的记录中，均未显示小金山有该四景。但之所以有此误，也正说明了风、月、吹、琴这些景观概念要素已经深入扬州的历史记忆中，并在后人对景观的营造中不断地体现出来。这一点，从隋炀帝建江都宫就曾建一处"月观"亦可得证。

（2）芜城广陵：文人凭吊的景观印象

《宋书》关于徐湛之建园的记载，向我们展示了南朝宋"元嘉之治"下广陵的繁荣景象，然而，这一时期广陵的繁荣并没有持续多久，据史载，南朝宋文帝元嘉二十七年（450）至宋孝武帝大明三年（459）大约十年间，广陵连续遭到两次大的战役的摧残，前次为北魏拓跋焘率军南攻刘宋，后一次则为发生在刘宋内部的平定竟陵王刘诞叛乱。经此二役，广陵城池被破坏殆尽，成为"芜城"，南朝诗人鲍照的名篇《芜城赋》，即是这一时期广陵城的真实写照。全文如下：

> 芜城赋
>
> 泸迤平原，南驰苍梧涨海，北走紫塞雁门。柂以漕渠，轴以昆岗。重江复关之隩，四会五达之庄。当昔全盛之时，车挂轊，人架肩，廛闬扑地，歌吹沸天。孳货盐田，铲利铜山。才力雄富，士马精妍。故能侈秦法，佚周令，划崇墉，刳浚洫，图修世以休命。是以板筑雉堞之殷，井干烽橹之勤，格高五岳，袤广三坟，崪若断岸，矗似长云。制磁石以御冲，糊赪壤以飞文。观基扃之固护，将万祀而一君。出入三代，五百余载，竟瓜剖而豆分。
>
> 泽葵依井，荒葛胃涂。坛罗虺蜮，阶斗麏鼯。木魅山鬼，野鼠城狐。风嗥雨啸，昏见晨趋。饥鹰厉吻，寒鸱吓雏。伏虣藏虎，乳血飧肤。崩榛塞路，峥嵘古馗。白杨早落，塞草前衰。棱棱霜气，蔌蔌风威。孤蓬自振，惊沙坐飞。灌莽杳而无际，

> 丛薄纷其相依。通池既已夷，峻隅又以颓。直视千里外，唯见起黄埃。凝思寂听，心伤已摧。若夫藻扃黼帐，歌堂舞阁之基，璇渊碧树，弋林钓渚之馆，吴蔡齐秦之声，鱼龙爵马之玩，皆熏歇烬灭，光沉响绝。东都妙姬，南国丽人，蕙心纨质，玉貌绛唇，莫不埋魂幽石，委骨穷尘，岂忆同舆之愉乐，离宫之苦辛哉？
>
> 天道如何，吞恨者多，抽琴命操，为芜城之歌。歌曰：边风急兮城上寒，井径灭兮丘陇残。千龄兮万代，共尽兮何言！

这篇《芜城赋》的前半部分描绘了广陵城全盛时期的景象：街市繁华，行人车马川流不息，里坊间一片欢歌；城池雄伟坚固，筑高墙、挖深濠，甚至城墙还涂上红泥为饰；整个城市财力雄厚、兵马精良，而且管理有序。后半部则急转直下，记录城破后的萧条景象：井边青苔环生，野草长满道路，城内全无人迹，野兽蛇虫横行，到处是残垣断壁，城墙皆已倒塌，护城河也被填平。前后形成鲜明对比，给人以极大的冲击。此时的广陵城已经完全成为一片废墟，而此前繁华时期城内城外不管曾经出现过何等绮丽的景观，此时大概都已经不复存在了。

就景观发展史的考察而言，这样一种毁灭性的破坏的记载，同样具有重要的价值。景观被破坏的历史，和景观被构建的历史一样，都构成一个完整的景观发展史的重要环节。而被破坏掉的景观及其被破坏的过程，也将作为整个景观的一段历史记忆存在，成为层累的历史中的一层，成为丰富景观的历史文化价值的重要资源。

芜城广陵，作为一个历史文化的概念，与我们所要研究的扬州历史城濠景观同样有着密切的关联。我们说，城濠与城的关系是密不可分的，濠深城广，城破濠填，城濠见证着城的变迁，而城的历史文化也反过来内化于城濠这一具象的景观之中。城破之后原先高耸的城墙或已经难寻旧迹，但城濠却以绕城水体的形式留存下来，并很自然地成为后人借以凭吊古迹、寄托追思的载体。而这样一种载体的功能，无疑成为支撑起城濠成为一种景观的内在动因。自《芜城赋》问世之后，扬州城破的经历不知凡几，而每值其时，"芜城"之称便被提及，不难想象，历代文士泛舟城濠之上，抚今追昔，写下广为流传的唱咏诗文的情景，这些无疑也为扬州历史城濠景观填充了深厚的文化内涵。

（3）吴公台：历史古迹与城濠结合之景

吴公台（位置约在今扬州烈士陵园北），又称鸡台，它是明确见于史料记载的，从南北朝时期开始就存在于广陵城城濠边的一处古迹。关于吴公台较为详尽的记载如下：

> 吴公台。《明一统志》载：在"府城北四里，刘宋沈庆之攻竟陵王诞所筑弩台也。后陈将吴明彻围，北齐东广州刺史敬子猷增筑之以射城内，因名"。《方舆纪要》：宋沈庆之攻竟陵王诞，筑台以弩射城中，故名"弩台"。陈太建中，吴明彻围北齐东广州刺史敬子猷增筑之，亦以射乘堞之士，故号"吴公台"，又名"鸡台"。昔隋炀帝常于此游，恍惚遇陈后主。后主指其女侍曰："此张丽华也。每忆桃叶山前，乘战舰，与此子北渡。时丽华方倚临春阁，试紫毫笔，书小砑红绡，作璧月词。未终，见韩擒虎跃青骢、拥万甲，直来冲入。人都不存，就至今日，大抵人生各图快乐，曩时何见罪之深耶？"帝悟，叱之，恍然不见。[1]

[1] 顾霭，《广陵览古》，广陵书社，2005年版，卷二，第27页。

以上这段文字大致传递了两个方面的信息。其一是关于吴公台的来历。根据记载，吴公台最初的堆筑时间是刘宋镇压竟陵王刘诞叛乱期间，也即公元459年，当时平叛军将领沈庆之为了攻城，在城墙外"筑台以弩射城中"。其后，南朝陈太建五年，即公元573年，陈朝军队出击北齐，攻至扬州，领军将领吴明彻同样为攻城之便，在原先沈庆之所建基础上又加增筑，形成更大规模，该处也由此被称为"吴公台"。

其二，这段文字中还提到，"昔隋炀帝常于此游"，并记述了隋炀帝梦遇陈后主的传说。由此，我们知道了始建于南朝刘宋时期的这一座"吴公台"，一直保留到了隋代，并且在隋代的时候，它已经发展成了一个可以供人游览的地方，因而我们可以想象，当时吴公台应该是有一些值得游览的风光景致的。

吴公台虽称为台，但实际应该是一处人工堆建而成的土丘，经过一段时间的演变，由于自然植被的覆盖，它和周边的地形地貌基本融为一体。广陵城周围地势总体平坦，这一处丘状地带自然尤显其可贵，于是，仅凭可供登临这一条，就奠定了其发展为景观的基础。不仅如此，这一处丘状地带，还可与其紧邻的城濠水体相映成趣，形成一种微型的山水之境，正是两者的这样一种结合，使其整体景观的魅力相应得到了提升。

吴公台最初出现于南北朝时期，但成为一个成熟的景点，大概还是要到隋代，特别是隋炀帝时期。不仅如此，从唐代的一些材料中也可发现，吴公台在唐代仍是以一处热门景点的状态继续存在的，唐代诗人刘长卿有《秋日登吴公台上寺远眺》，约可为证：

> 古台摇落后，秋入望乡心。
> 野寺来人少，云峰隔水深。
> 夕阳依旧垒，寒磬满空林。
> 惆怅南朝事，长江独至今。

吴公台的景观价值，一方面在于它山水相映的景观面貌，另一方面则在于它所承载的历史记忆。那是一段战争的历史记忆，更是关于一个城市的繁芜兴衰的历史记忆。世人喜好即景抒情、抚今追昔，而吴公台这样一个景观，也因此在人的活动的作用下，逐渐由一处历史古迹成为风景名胜。这也再次说明一个景观背后的历史文化内涵的重要性。

我们之所以将吴公台纳入整个城濠景观的讨论，一方面是因为它是存在于古广陵城城濠辐射范围内的一个重要景点，并且和城濠水系的水文风光共同构成一种山水景观，由此，这一时期城濠就已经具备水文景观功能这一点，亦大致可以得到证明。另一方面，结合下文的讨论我们可以知道，事实上在隋唐时期大明寺景观成熟以前，扬州城濠水系范围内的景点，主要集中在广陵城西城濠沿岸一段，其后，以大明寺的成熟为起点，整个城濠景观的中心区域有一个整体下移的过程，直至最后形成了清代瘦西湖的鼎盛状态。从这样一个整体性的景观发展来看，吴公台作为较早见于史载的景观，具有其一定的标志性意义。

2.2　第二阶段：景观的文化奠定时期（隋唐北宋）

南北朝（六朝）以前的景观发展史，对整个瘦西湖景观的意义在于一种积淀，它一方面奠定了瘦西湖景观的基本属性，即城濠水系与周边景物综合形成的水文景观，另一方面则基本奠定和勾勒出了瘦西湖景观的一个大的地域范畴，具体来说就是以蜀冈为中心向周边扩散的区域。这两点是景观发展的第一个阶段最关键的意义所在。而进入到景观发展的第二阶段，即隋唐北宋的这一段历史，可以说是瘦西湖景观历史发展上一个最核心的时期，即一个景观的文化内涵的奠定确立的时期。

形制和范围是一个景观存在的基础，而文化内涵才是一个景观区别于他者、自成一格的最关键因素，可以说是一个景观的灵魂。通过对历史的观察我们发现，在瘦西湖发展的历史长河中以及今天我们切实看到或感受到的所有关于瘦西湖的文化内涵，几乎都是在隋、唐、北宋这一个时段的历史中就已经形成并奠定了坚实的基础。比如，隋代以隋炀帝经营江都城为中心而形成的大量景观，如隋宫、迷楼、九曲池、隋堤等等，无一不为其后瘦西湖景观的发展直接或间接地注入了物质和文化的要素。又如，唐代扬州的空前繁华带来了景观的大发展，此时大明寺成为热门景点直接带动了瘦西湖一带景观的发展创造了空前的契机，"二十四桥"这一介于文学与实像之间的文化意象的出现成为瘦西湖景观重要的文化要素；再如，北宋时期出现的平山堂，成为士人文化进入瘦西湖景观文化的标志性事件。

当然，这一阶段形成的的景观，绝大多数没有完整保留下来，但是通过一种记忆延续的形式，这些文化的意象一直被保留下来，在后世对瘦西湖景观进行营建的时候所做的努力，首先就是对这些意象的重新复原，或者可以说是一种文化复兴的建设。究其缘由，不外乎这一时段所奠定的景观要素，已经成为瘦西湖景观无法剥离的一种内在属性,以一种景观性格和景观文化的形式留存后世。

本章节将对隋代、唐代、北宋三个时段瘦西湖的景观发展历史逐一加以分析,并讨论其在瘦西湖景观文化奠定方面的意义。

2.2.1 隋代的景观及其意义

扬州历史城濠景观在隋代一度得到较快的发展,而这一时期城濠景观的发展,与隋炀帝致力于对扬州的开发有着密切的关联。

(1)江都城:奢华之城的兴衰与景观记忆的填充

李商隐七律《隋宫》中的一句"欲取芜城作帝家"很好地概括了这一时期的情况。经过南朝末年的战乱,广陵已成芜城,而隋炀帝之所以会在这座芜城之上重新兴建江都城,一方面有延续历史记忆的考虑,另一方面,以隋炀帝喜好游乐这一点来看,在广陵旧址兴建江都城,与其周边景致必然有着直接的联系,而构成这一周边景致的很大一部分,就是我们所说的城濠水体景观。可以想象,当时广陵城虽已荒废,但也正因为如此,城濠水体和周边自然地貌构成的风光景观,却反被凸显出来,正是这一点吸引了隋炀帝。而等到江都城建成之后,城内极尽奢华的宫殿建筑,又与这番水文自然风光相映成趣,重又构筑起一幅全新的景观画面。历史上对隋炀帝在扬州修筑的宫殿有不少具体记载,如:

> 隋宫:在府城西七里大仪乡,按史:大业元年敕长史王弘大修江都宫,有西宫、临江、归雁、松林、枫林、九华、九里、大雷、小雷、扬子等宫。[1]
>
> 月观:在隋苑中。大业十年选殿脚女使给事月观。帝月下

[1]吴绮,《扬州鼓吹词》,收于《扬州丛刻》,广陵书社,2010年版,第409页。

> 幸之，常凭萧后肩说东宫时事。有命后诵杂忆诗。[1]
>
> 水精殿：在江都宫内。插瑟瑟钿朵，銮按，马缟《中华古今注》云炀帝于江都宫置水精殿，令供人戴通天百叶冠子，皆垂珠翠，披紫罗帔，把半月雉尾扇，靸瑞鸠头履，谓之"飞仙"。[2]
>
> 萤院：在大仪乡，隋苑南三里。唐杜牧有"秋风放萤苑"句，即指此。銮按，《隋书》：大业十一年，炀帝至东都。十二年五月于景华宫征萤火，得数斛，夜出游山放之。[3]

可见，江都城内不仅建有大量宫室，如西宫、临江宫、归雁宫、松林宫、枫林宫、九华宫、九里宫、大雷宫、小雷宫、扬子宫等，还有不少供隋炀帝游乐的亭观林苑，月观、水精殿、萤院等即属此列。

另外，在此不得不提的还有隋炀帝在扬州建造的最为人所津津乐道的一处景观，即迷楼。有关迷楼的记载如下：

> 迷楼：在城西北七里。唐杜牧诗："炀帝雷塘土，迷藏有旧楼。谁家唱《水调》，明月满扬州。"銮按，《古今诗话》：浙人项昇进《新宫图》于炀帝，令扬州依图营建。既成，帝幸之曰："使真仙游此，亦自当迷。"乃名。[4]

又：

> 迷楼，在城西北七里，炀帝以浙人项昇进《新宫图》，遂建此楼。使樨女居之，衣轻罗单裳，倚栏望之，势若飞举。又热名香，使烟气霏微，有若朝雾，谓之神仙境。楼中千门万牖，

---

[1] 同上，第411页。
[2] 顾莺，《广陵览古》，广陵书社，2005年版，卷二，第24页。
[3] 同上，第24页。
[4] 同上，第25页。

> 上下金碧，工巧之极，自古未有。人误入者终日不能出，帝喜曰："使真仙游此，亦当自迷"，因名之曰迷楼。后为唐兵所焚。仍即其地造鉴楼焉，余儿时犹及见之，今则为观音阁。[1]

关于扬州的迷楼，有很多传说，也有不少争议。关于它的来历，据记载，是有一个叫项昇的浙江人为取悦炀帝，进献新宫图一幅，炀帝诏命依图建造，建成之后，隋炀帝游幸其中，有"使真仙游此，亦自当迷"语，故称迷楼。不过，根据唐代韩偓所做《迷楼记》来看，迷楼在应在当时的长安，而非江都。然而，隋唐以后的文人士子给我们留下了许多赞誉迷楼的诗文，又似乎众口一说迷楼在江都，而非长安。如唐代杜牧《扬州三首》："炀帝雷塘土，迷藏有旧楼。谁家唱《水调》，明月满扬州"。唐代包何《同诸公寻李芳直不遇》："闻说到扬州，吹箫忆旧游。人来都不见，莫是上迷楼。"唐代李绅《宿扬州》："今日市朝风俗变，不须开口问迷楼。"宋代秦少游作《望海潮·广陵怀古》中有："追思故国繁雄，有迷楼挂斗，月观横空。"宋代王令《九曲池》中有："迷楼插空远，水调揭声和。"

另外，迷楼若在扬州，具体建在何处，又有两种猜测，一是根据杜牧诗，认为在雷塘，即蜀冈北面，江都城外。二是认为在江都城内，今观音山观音寺中的鉴楼，即其旧址，依据是清嘉庆《重修扬州府志》记："摘星楼在城西七里观音阁之东阜，即迷楼故址"，吴绮在《扬州鼓吹词》中，亦持此种观点。

尽管对于迷楼是否建在扬州，具体又建在何处，都有较大的争议。但不可否认的是，不管真实存在与否，迷楼都已经成为扬

---

[1] 吴绮，《扬州鼓吹词》，收于《扬州丛刻》，广陵书社，2010年版，第410页。

州历史记忆的重要组成部分。

总的来说，隋炀帝时期在扬州营造的宫殿园林，可谓极尽奢华，在扬州历史上留下浓墨重彩的一笔，但其最终命运，依旧是重蹈"芜城"的命运，成为后人凭吊的对象。无论如何，隋炀帝和江都宫，却永久留在了扬州的历史记忆中。我们研究扬州的历史城濠景观，也不能忽视这一段历史。

（2）九曲池：最早的人工打造的城濠景观

隅于一城之内的江都宫，自然满足不了隋炀帝的游兴。隋炀帝在扬州期间，在江都城外周边区域内曾有大量游迹，而他的这些活动，也对后世城濠水系范围内景观的发展产生了很大的影响，九曲池就是一个十分重要的例子。

九曲池，清人记载称其在"城北七里蜀冈麓"，此外，从《扬州画舫录》中又有"双峰云栈在九曲池"[1]，"尺五楼在九曲池西角坡上"[2]，观音山"水码头则在九曲池东"[3]等记述，可确定其大致方位：约是观音山和平山堂之下的一段水体，也即罗城西北段城濠的北端的部分。九曲池之名，直到清代都一直被人提及，但根据史料记载，它的最初得名是在隋炀帝时期。

> 九曲池：在城北七里蜀冈麓，炀帝尝建木兰亭于池上，做《水调》九曲。每游幸时按之，故名。[4]
>
> 木兰亭：隋炀帝建，在九曲池上。宋徐铉《重游木兰亭》诗："缭绕长堤带碧浔，昔年游此尚青衿。兰桡破浪城阴直，玉勒

---

[1] 李斗：《扬州画舫录》，中华书局，1997年，第367页。
[2] 同上，第362页。
[3] 同上，第366页。
[4] 顾鸾：《广陵览古》，广陵书社，2005年版，卷二，第21页。

> 穿花苑树深。宦路尘埃成久别，仙家风景有谁寻？那知年长多情后，重凭栏干一独吟。"[1]

有材料显示，隋代就已经开始修筑罗城并开挖城濠水体，那么，隋炀帝游览的九曲池，应该就是这一段人工开凿的城濠。九曲池成为隋炀帝的游览地这一点，说明它从一开始就兼具城濠和景观双重的功能，而隋炀帝建亭于上，也是在将其作为一处景观来营造。而隋炀帝有意识地利用城濠水体来营造景观这一点，无疑令我们印象深刻。

九曲池自隋炀帝时期出现并建亭于上之后，就有了景观的意义，不仅如此，我们认为，九曲池还具有一种景观地标的意义，九曲池开挖之后，围绕其周边又陆续发展出其他的一些景观，比如后来的大明寺（平山堂）、观音山等，他们出现或多或少都与对这一片水体的景观借取作用有一定的关系，而发展到清代瘦西湖时期，九曲池沿岸的景点更是不可胜数。这些后续的发展，都是和最初一个景观标志的建立密切相关的。

九曲池的景观意义还不止于此，它和大明寺、观音山结合在一起，由点到面地形成了一片核心景观区域，而这块区域的不断成熟，主导了隋唐以后扬州历史城濠景观的重心的由吴公台区域整体向下南移的过程。从这个意义上说，九曲池在隋代的成名，无疑是扬州历史城濠景观发展史上一个关键的节点。

（3）隋堤："柳"之景观意象的形成

在隋代出现的诸多景观记载中，隋堤也是值得关注的一点。

[1] 同上，第28页。

据记载：

> 隋堤：按大业初开邗沟入江，旁筑御道，树以杨柳，谓之隋堤。堤今不复可考，然计称二百余里，则江河一带皆其故迹矣。[1]
>
> 隋堤：隋大业初，诏发民夫十万开邗沟入江，旁筑御道，树以杨柳，谓之隋堤。唐杜牧诗："夹岸垂杨三百里，只应图画最相宜。自嫌流落西归疾，不见东风二月时"。罗隐诗："夹道依依十里遥，路人回首认前朝。春风未惜繁华意，犹费工夫长柳条。"[2]

依照目前的材料证据，我们尚无法把隋堤和扬州古城濠直接联系起来，虽然吴绮据隋堤全长"二百余里"推断"江河一带皆其故迹"，我们也可由此想象江都城的城濠一带，是否亦有可能筑道植柳，但没有直接证据，也只能停留在假设层面。

尽管如此，隋堤对于我们研究城濠景观发展，还是有着景观文化角度的意义的。因为有了关于隋堤的记载，使得杨柳这样一种植物景观的意象深深植入了扬州的景观文化中，如唐代诗人杜牧《扬州》三首中就有"街垂千步柳，霞映两重城"的诗句。而在研究扬州城濠景观的过程中，杨柳这样一个景观意象，是无法回避的。也只有了解了隋堤的历史，我们才能更好地把握杨柳意象和扬州景观的关系。从这个意义上说，隋堤亦成为扬州古城濠文化景观中层累的一层重要的历史资源。

总的来说，经由隋代江都城的建设所带动的扬州新一轮繁荣，以及隋炀帝在扬州的活动，这一时期扬州的历史城濠景观，在面

---

[1] 吴绮，《扬州鼓吹词》，收于《扬州丛刻》，广陵书社，2010年版，第413页。
[2] 顾峦，《广陵览古》，广陵书社，2005年版，卷一，第4页。

貌展现和文化内涵两方面，都得到了进一步的丰富和发展。

2.2.2 唐代的景观及其意义

唐代扬州城达到了一个空前繁荣的时期，这和唐代维持了长期的社会稳定局面以及扬州的优势地理位置有关，扬州的经济在此时得到了迅猛的发展，时人有"扬一益二"之称，意为全国首富之地当推扬州，而益州（成都）作为传统的富庶之地，也只能屈居其后。经济的发达带来两个直接的结果，一是城市基础建设的发展，二是城市休闲生活的丰富。而这两点对于这一时期扬州城濠景观发展的影响，都是极其明显的。

城市基础建设方面，唐代扬州形成了所谓"两重城"的景象，即子城和罗城。子城即隋江都城所在处，此时主要是官署的集中所在地；罗城是在蜀冈下的平原上建造的新城，从隋末就已零星修建，至中唐基本形成，它主要是民居和工商业集中的区域。就城濠景观而言，因为子城的存在，原先江都城的城濠体系，继续维持着原来的景观风貌。而由于罗城的修建，新的城濠水系出现，使城濠景观的发展有了更大的空间。其中最具代表性的就是罗城西北城濠（瘦西湖A段）水体。

经济的发达和物质的充裕，带动了城市居民休闲需求的不断增长，这一点不难理解。观光游览是重要的休闲活动方式之一，而先前提到的吴公台、九曲池等与城濠相关的景观，从这时开始就已经是人们游览的主要去处，不少诗文中都出现这两处地名可见一斑[1]。另一方面，随着休闲需求的不断增长，大明寺、二十四桥等一些新的景观在这一时期逐渐成熟，复又使得扬州城濠景观的内容进一步得到丰富。

此外，唐代位于罗城内的一条河流——九桥河，此时虽为一条城内河道，但从后来的历史发展看，它在宋代被用作了宋夹城和宋大城的城濠，因此在我们研究城濠景观发展的时候，这条河道也应该纳入我们的视野范围。而唐代九桥河及其周边的景观情况，同样是我们应该予以关注的内容。

（1）大明寺：地标性城濠景观区域的成熟

大明寺是扬州城濠景观中占有突出重要地位的一处景点，它因始建于南朝刘宋大明年间而得名。但众所周知，南北朝时期佛教兴盛，建寺成风，正所谓"南朝四百八十寺，多少楼台烟雨中"，有学者曾经考证，唐初扬州尚存的前朝寺庙大概有六十五座[2]，大明寺作为这众多寺庙中的一座，到底有着怎样特殊的地位呢？一般认为大明寺是因为唐代高僧鉴真曾经在此住持，并且在此接受日本东渡的邀请才得以闻名，是否真是如此呢？据对大明寺的历史记载：

---

[1] 有关吴公台的诗文有：刘长卿《秋日登吴公台上寺远眺》（详见前文）、白居易《隋堤柳》诗："土坟数尺何处葬，吴公台下多悲风"、罗隐《湘中见进士乔诩》："吴公台下别经秋，破虏城边暂驻留"、徐铉《从驾东幸呈诸公》："吴公台下旧京城，曾掩衡门过十春"等；有关九曲池的诗文则有：唐代许浑《宴饯李员外》："心期解印同君醉，九曲池西望月来"、宋代陆游《题寄扬州九曲池》、宋代苏辙《扬州五咏 九曲池》、《次韵鲜于子骏游九曲池》、宋代王琪《九曲池》、宋代王令《九曲池悼古》等，诗文略。

[2] 参见李廷先，《唐代扬州史考》，江苏古籍出版社，2002年版，第491页。

> 栖灵寺：按《宝祐志》云：大明寺即古之栖灵寺，在县北五里。以其在隋宫西，故又名西寺。寺枕蜀冈，有附图，有浮图九级。《大观图经》所载：隋仁寿元年诏海内立九层塔三十所。此其一也。[1]

可见，大明寺早在隋代就有栖灵寺之名，而这一得名与隋文帝时的一段历史有关。隋仁寿元年，隋文帝六十寿辰，令全国最大的三十个州同时建塔，以供奉舍利。而建在扬州的塔，即为建在大明寺（西寺）的栖灵塔，大明寺因此又称栖灵寺或栖灵塔寺。栖灵塔之所以会建在大明寺这一点，说明至少在隋代，大明寺在扬州众多寺院中的地位就已经是相对较高的，而其后，栖灵塔在很长一段时间内都是大明寺的标志性景观，进一步增加了大明寺的知名度。唐代诗人多有登临扬州栖灵塔的经历，并且留下了不少脍炙人口的诗篇，如

> 李白《秋日登扬州栖灵塔》
> 宝塔凌苍苍，登攀览四荒。顶高元气合，标出海云长。
> 万象分空界，三天接画梁。水摇金刹影，日动火珠光。
> 鸟拂琼檐度，霞连绣栱张。目随征路断，心逐去帆扬。
> 露洗梧楸白，霜催橘柚黄。玉毫如可见，于此昭迷方。
>
> 高适《登广陵栖灵寺塔》
> 淮南富登临，兹塔信奇最。
> 直上造云族，凭虚纳天籁。
> 迥然碧海西，独立飞鸟外。

---

[1] 汪应庚，《平山揽胜志》，广陵书社，2004年版，卷七，第145页。

> 始知高兴尽，达与赏心会。
> 连山黯吴门，乔木吞楚塞。
> 城池满窗下，物象归掌内。
> 远思驻江帆，暮时结春霭。
> 轩车疑蠢动，造化资大块。
> 何必了无身，然后知所退。
>
> 刘长卿《登扬州栖灵寺塔》
> 北塔凌空虚，雄观压川泽。亭亭楚云外，千里看不隔。
> 遥对黄金台，浮辉乱相射。盘梯接元气，半壁栖夜魄。
> 稍登诸劫尽，若骋排霄翮。向是沧洲人，已为青云客。
> 雨飞千栱霁，日在万家夕。鸟处高却低，天涯远如迫。
> 江流入空翠，海峤现微碧。向暮期下来，谁堪复行役。
>
> 刘禹锡《同乐天登栖灵寺塔》
> 步步相携不觉难，九层云外倚阑干。
> 忽然笑语半天上，无限游人举眼看。

从上述诗篇我们看到，这些诗人游览大明寺，主要目的是登临栖灵塔，凭吊古迹，抒发心境，而并非是因为鉴真的缘故。而从这些诗文中我们还可以看出，大明寺在唐代一般都称为栖灵寺。它复称大明寺这一更早的寺名，可能是要在唐末栖灵寺塔焚毁之后了。应该说，大明寺在唐代已经发展成了一个吸引游人的成熟景点，最初它所凭借的，主要是栖灵塔这一景观资源，而鉴真的因素，可能是到了到了较晚之后才加入进去的。总的来说，这一过程符合一个景观的文化价值逐渐层累的这样一种模式。

大明寺作为扬州历史城濠景观的重要组成部分，早在唐代就已充分地焕发出其景观的魅力，而随着时间的推移，越来越多历史文化因素的累加，它的景观价值还在不断地充实和丰富着。同时，它在整个城濠景观的发展中所扮演的角色，也愈发地明晰和关键。逐渐的，大明寺已经不单单体现为寺庙的功能，而是成为一片积累了深厚历史记忆的文化区域，融入整个的城濠景观体系之中。宋代平山堂之所以选址该处，这是一个很重要的原因。

（2）二十四桥："桥"之意象与城濠景观

> 青山隐隐水迢迢，
> 秋尽江南草未凋。
> 二十四桥明月夜，
> 玉人何处教吹箫。

唐代诗人杜牧的一首《寄扬州韩绰判官》，把"二十四桥"的意象，深深地镌刻在了扬州的景观文化史中。历来围绕"二十四桥"究竟为何的问题，各家莫衷一是，解释各有不同。

以沈括为代表的考证派认为，二十四桥为实指，二十四座桥确实真实存在，他在《梦溪笔谈·补笔谈》卷三《杂志》中记载了二十四座桥的桥名和地理位置："最西浊河茶园桥，次东大明桥，入西水门有九曲桥，次东正当帅牙南门，有下马桥，又东作坊桥，桥东河转向南，有洗马桥，次南桥，又南阿师桥，周家桥，小市桥，广济桥，新桥，开明桥，顾家桥，通泗桥，太平桥、利国桥。出南水门有万岁桥，青园桥，自驿桥北河流东出，有参佐桥，次东水门，东出有山光桥，又自牙门下马桥直南有北三桥、中三桥、南三桥，号九桥，不通船，不在二十四桥之数。"但他的考证是有问题的，一是他只列了二十三座桥名，而且下马桥重复出现了两次，实际上桥名只有二十二个，与二十四之数不合。其二，有人质疑唐代城内一些著名的桥如禅智寺桥、月明桥、红板桥、朱雀桥、扬子桥为何不在二十四桥之列。因此，要完全将沈括的考证和杜牧的诗之间画上等号，还远远不行。

另一位主张二十四桥实指说的南宋学者王象之在《舆地记胜》中记述道："二十四桥，隋置，并以城市坊市为名。后韩令坤省筑州城，分布阡陌，别立桥梁，所谓二十四桥者，或存或亡，不可得而考。"意思是二十四桥肯定是存在的，但具体是哪几座，叫什么名字，已经无法考证。这样的说法相对而言更说得通一些。

还有一种说法是，确实存在这样一座名叫"二十四桥"的桥，并且这座桥就在清代瘦西湖景观区域内。虽说这种说法似乎很能振奋人心，因为它直接把"二十四桥"和扬州城濠景观联系在了一起，但事实上，这一说法是有问题的，或者说完全是错误的。该说法出自于吴绮的《扬州鼓吹词》中，"二十四桥，出西郭二里许，有小桥，朱栏碧甃，题曰烟花夜月，相传为二十四桥旧址，盖本一桥会集二十四美人于此，故名。郡志谓在城内有廿四桥，今不可考"[1]。可见，吴绮在记城外这座二十四桥的同时，并不否认郡志所记城内有廿四座桥。但他提及二十四美人的传说，显然是倾向于认为杜牧诗中的二十四桥是指他所记的这一座桥。这就又有问题了，因为二十四美人之说，只见于野史，缺乏足够的证据说服力。李斗在其《扬州画舫录》中，就明确反对吴绮的观点，

[1] 吴绮，《扬州鼓吹词》，收于《扬州丛刻》，广陵书社，2010年版，第417页。

认为其理解是错误的：

> 廿四桥，即吴家砖桥，一名红药桥，在熙春台后。……扬州鼓吹词云：是桥因古之二十四美人吹箫与此故名，或曰即古之二十四桥，二说皆非。按二十四桥见之沈存中《补笔谈》，记扬州二十四桥之名。……美人之说，盖附会言之矣。程午桥《扬州名园记》，谓后人因姜白石《扬州慢》[1]词"念桥边红药"句，遂以红药名是桥。[2]

李斗提到的这座熙春台后的所谓"廿四桥"，就是吴绮所说的那一座。但他一上来就明确表示吴绮的"二说皆非"，二说具体所指：一是认为熙春台后的这座桥就是杜牧诗中所提到的二十四桥；二是认为杜牧的二十四桥是指由二十四美人而得名的一座桥。事实上，李斗是倾向于赞同沈括对二十四桥的解释的。对于眼前的这一座桥，他认为最多只能叫做"红药桥"，而桥名则出自姜白石的词句"念桥边红药"。对《画舫录》的这一段文字细作分析我们就应该明白，李斗此处虽然提到了"廿四桥"三个字，但其用意只是在引出吴绮的错误并纠正之，而并不表示同意这座桥叫"廿四桥"，在李斗看来，熙春台后没有廿四桥，只有红药桥。而我们今天在熙春台边上建的那一个廿四桥景区，实际是延续了吴绮的错误认识。

关于二十四桥，不管是认为它是二十四座桥还是一座桥，都属于认为其为实指概念的一类，而另外有一类认识，是认为二十四

---

[1] 姜白石《扬州慢·淮左名都》：淮左名都，竹西佳处，解鞍少驻初程。过春风十里，尽荠麦青青。自胡马窥江去后，废池乔木，犹厌言兵。渐黄昏，清角吹寒，都在空城。杜郎俊赏，算而今重到须惊。纵豆蔻词工，青楼梦好，难赋深情。二十四桥仍在，波心荡、冷月无声。念桥边红药，年年知为谁生？
[2] 李斗，《扬州画舫录》，中华书局，1997年，第342—343页。

桥是一种虚指概念。这一类观点认为，唐代扬州是一座水城，桥梁之多可以想象，不必拘泥于沈括二十四座桥的说法。到底有几座桥，谁也不知道，反正水多桥多。所谓"二十四桥"，其实也就和"三百六十行""山道十八弯""七十二般变化"等等一样，并非确数，只是泛指较多而已。这样一种解释，也就比较容易被接受和理解。

事实上，不管"二十四桥"是具象还是虚象，现在都已经无从确证了，但我们只需知道，"二十四桥"作为一种景观意象，已经和扬州这个城市融为一体。正因为这个意象的深入人心，在扬州的任何景观概念中，几乎都离不开"桥"的要素。

同样的，关于"二十四桥"与扬州城濠景观的关系，我们所要关心的，不是"二十四桥"中哪一座桥在哪一段城濠上这样的问题，而应该是更大的方面，比如"桥"的要素是如何融入城濠景观的发展中的。不难发现，在扬州城濠景观的发展历程中，"桥"始终是一个贯穿其中的因素。而由于城濠本身是一种水体景观，它和桥的结合又往往是最为自然和谐的。我们可以认为，自从唐代出现"二十四桥"的概念之后，"桥"的意象得到凸显，在很大程度上影响着扬州城濠景观的历史发展。可以举的例子很多，如大虹桥、小虹桥、法海桥、莲花桥（五亭桥）等等。而这就是"二十四桥"之于扬州城濠景观发展的意义所在。

（3）九桥河：生活区域与休闲景观的场景想象

之前已经界定过，九桥河是唐代罗城城内贯穿南北的两条水道的西侧一条，据沈括记载，这条河道上有九座桥，故我们称其为九桥河。沈括还留下一条关键性的记载，即这条河道在当时是"不通船"的状态。

我们之所以关注九桥河,是因为它和我们讨论的城濠景观有着必然的联系。因为尽管在唐代,它还没有成为真正意义上的城濠,只是一条城内河道,但到了宋代以后,它就逐渐演变成了城濠。而其中间一段,发展到后来就成为我们关注的扬州城濠景观中相当关键的一段——清代瘦西湖的 C 段水体。因此,考察唐代九桥河及其沿岸区域的历史面貌,必定有助于我们更好地理解和把握其后期向城濠景观转变的情况。

关于九桥河这一段水体及其沿岸区域的情况,直接的历史记载几乎没有,因此我们只能做一些推测性的描述。我们知道,唐代罗城的功能主要是居民居住生活和工商业活动的场所。唐代罗城最鲜明的特征就是商业活动的繁荣,这里的商业活动不仅是指居民日常消费的活动,更主要的是扬州作为全国贸易中心而在其间进行的大宗中转贸易。当时贯通罗城南北的水道主要有两条,其中西边九桥河不通船,东边一条官河是通船的。这里的"通船"的概念,应该是指可以通大型的货运船,即来自各地的大型商贸或者客运船只可以通行其间这样一个概念。由此,我们大体可以推断,官河一线主要应该是一些从事大宗交易的商贸场所,如贸易商行、货物仓库等,另外还应该少不了一些面向外来商贾和游客的服务场所,如客栈、酒肆、茶楼等。而经常在这一带活动的,主要应该是往来商贾、游客以及从事商贸服务和旅游服务行业的本地居民。

对于唐代扬州这样一个水陆交通枢纽城市来所,有一块专门对外服务的城市功能区域当然是很重要的,但是另一方面,城市居民日常生活开展的功能区域也同样必要。城市居民也有日常消费和休闲的需要，但居民日常生活区域和对外服务区域相混同，势必会带来整个城市运作效率的降低，因此最有效的办法就是居民日常生活和休闲消费的功能由另外的一片城市功能区来承担。就唐代扬州而言，我们认为九桥河沿线大概就主要发展成了这样的一块功能区域。这里集中的大概是一些日常消费的市场，比如菜市、鱼市、果品市，又比如酒馆、茶楼、戏台等。这些场所，大致还是集中在九桥河两岸，因九桥河虽说"不通船"，但其意主要是不通大型商船，只要有水，小型船只还是可以通行的。而扬州城作为一个水道纵横的城市，小舟应该居民出行的重要交通工具之一，九桥河通小船，居民出行沿河而行，店家沿河而建是合乎情理的。此外，城内居民如要至城外游玩，大约也是沿着九桥河往北，经水门进入浊河，或者向南，出水门入罗城南城濠，然后去往各个景点游览。

如果我们对于罗城城市功能区域划分的推测偏差不大，那么我们大致可以推断，唐代九桥河沿岸周边，主要是扬州当地居民的生活区域，因此，这片区域内主要的建筑应该有居民宅第、公共休闲场所。那让我们看一下清代瘦西湖C段的景观，这片区域内有私家园林、冶春诗社、虹桥修禊等景观，这些景观从性质上基本是可以和这一带主要作为居民生活区的功能相对应。那么它们之间是不是存在一种延承的关系？而且我们也可以设想，正是因为九桥河一带不是一个过于繁华的交通和商业集中地，它才有可能也有空间发展成市民休闲、私家园林等景观的聚集地。当然，以上这一切，我们只能先假设，要真正确证这样一种推断，还是需要有历史材料的支撑才行。

唐代扬州城经历了一段长时间的繁荣，由此，扬州城濠景观在此期间取得了长足的发展，另一个重要的方面是，唐代文化的昌盛，大量文人留下歌咏诗文，为扬州城濠景观积累了大量的文化资源，使得扬州城濠景观内涵的逐步提升成为可能。然而，随着唐朝的衰亡、继之五代十国的动乱，扬州又一次阶段性地陷入芜城的命运，城濠景观发展的整体进程也因此中断，它只能静静地等待下一个太平盛世的到来。

2.2.3 北宋的景观及其意义

宋代的扬州城是在唐城的基础上修建的。唐代有子城和罗城。子城坐落在蜀冈上，始建于吴王夫差所建的邗城，楚、汉、东晋、南朝有不同程度的修缮、改筑，唐代为官衙集中地，又称衙城。子城地势高亢，可俯瞰罗城。罗城位于子城东南的平原上，是民居和工商业云集的区域，城内布局仿效隋大兴与唐长安的里坊形制。如果说唐代扬州的子城是延续前代而建，那么罗城的成长应是与运河的贯通密不可分的。罗城内有两条南北向的水道，均为运河的一部分。《舆地记胜》中载二十四桥云："二十四桥，隋置"，街道过河处设置有桥，因此可以推断自隋代以来，在属唐罗城范围的河道两侧就逐渐形成市街和码头，成了重要的江南物资集散的港埠，并形成了初步的路、桥布局。随着中晚唐经济重心南移，唐王室的物资供应多依赖江淮一带，而扬州地理位置正处于南北水路交通之要冲，成为商业货物的重要集散转运地。河道久而淤塞，影响城市的交通和运输。淮南道节度观察使杜亚曾因运河淤塞，令人疏通，这从一个方面反映出运河的重要和繁忙。宝历二年（826），"时扬州城内官河水浅，遇旱即带潜船，（王播）乃奏请自城南阊门西七里港开河向东，屈曲取禅智寺桥通旧官河"[1]。这就是由唐代一直沿用至今的城东南的运河，而正是这条河在很大程度上影响了五代至宋明的扬州城的选址。

唐末五代之际，扬州经历了数次兵灾，繁荣的经济受到严重破坏。"扬州雄富冠天下，自（毕）司铎、（杨）行密、（孙）儒迭攻迭守，焚市落，剽民人，兵饥相仍，其地遂空"[2]。至杨行密892年攻入城时，居民只残存几百家。杨行密据扬称吴王，复加修葺，扬州稍恢复。后政权被部下徐温养子徐子浩所夺，徐之浩建南唐，以扬州为东都。后周世宗于955—958年出兵南唐，南唐中宗李璟"知东都必不守，遣使焚其官私庐舍，徙其民于江南"[3]，扬州又一次受到严重破坏。周显德五年（958），周世宗占据扬州，此时扬州由于战乱，城大空虚难守，"遂于故城内就东南别筑新垒"[4]，新筑的城比唐城小，因而称为周小城。分析周小城的选址，占据原唐罗城一角可利用原有的城墙和城濠，减少新筑城的工程量，而选于东南角一方面可能由于东南部是唐代扬州比较繁华的地区，另一重要原因应该是利用了唐代新开的东南侧作为运河的一部分水道，西侧利用了唐代的另一条官河（后称作保障河），作为护城河。

（1）平山堂的修建

北宋的扬州城乃周小城。自太祖即位后一百六十年，国泰民安，扬州的经济得到了恢复和发展。从文献上看，未发现北宋有修筑

---

[1]《旧唐书》卷164《王播传》。
[2]《新唐书》卷224下《高骈传》。
[3]《南唐书》本纪卷第二。
[4]《旧五代史》卷118《周书·世宗纪五》。

城池的记载，但从考古发掘中发现，在北宋的中晚期，城池曾进行过一次修筑，即把原五代的城墙外包砖只保留1~2米左右不等的基础，而上部都是重新砌起，城门洞内和出城的道路地面加高[1]。出城的道路由原直对城门洞，改为向西北斜出，但对城的规模影响不大。直至北宋末年的"靖康之难"以后，才又在扬州西门外修筑了瓮城。相对而言，北宋时期的扬州基本处于和平之中，扬州的城池只有延续周小城而来的宋大城，而从春秋到唐一直建有城池的蜀冈此时已沦为郊野。但正是在这一时期，蜀冈上出现了瘦西湖发展史上一个标志性的文化景观——欧阳修修建的平山堂，而且从某种意义上可以说平山堂是扬州园林的肇始，为后来瘦西湖景观的形成起到了奠基作用。

平山堂建于庆历八年（1048）二月，宋祝穆《方舆胜览》载："庆历八年二月欧阳公来牧是邦，为堂于大明寺庭之坤隅，江南诸山拱列檐下，若可攀取，因目之曰——沈括为之记。"[2]南宋叶梦得《避暑录话》云："欧阳文忠在扬州，作平山堂，壮丽为淮南第一。堂据蜀冈，下临江南数百里，真、润、金陵三州隐隐若可见。公每暑时，辄凌晨携客往游，遣人走邵伯取荷花千余朵，以画盆分插百许盆，与客相间。遇酒行，即遣妓取一花传客，以次摘其叶，尽处则饮酒，往往侵夜，载月而归。余绍圣初始登第，尝以六七月馆于此堂者几月。是岁大暑，环堂左右，老木参天。后有竹千余竿，大如椽，不复见日色。苏子瞻诗所谓'稚节可专车'是也。由是言之，风景之天作地成，宾客之一时豪俊，池台高下，

---

[1] 李久海《论扬州宋三城的布局和防御设施》，《东南文化》2000年第11期。
[2] 祝穆《方舆胜览》卷44《淮东路》。

竹树茂密，政简多闲，登临觞咏，欧公当日之盛，可以想见焉。"[1]
吕祖谦《卧游录》云："欧阳公守维扬，承魏公之后。与魏公书云：
广陵幸遵遗矩，独平山堂占胜蜀冈，江南诸山，一目千里。以至
大明寺井、琼花二亭，此三者，拾公之遗以继盛美尔。"[2] 赵之壁
《平山堂图志》转引程梦星《平山堂小志》云："嘉祐初，修迁
翰林学士，知制诰新喻刘敞知扬州，有《登平山堂寄永叔内翰》诗。
八年，直史馆丹阳刁约自工部郎中领府事，逾年，彻堂而新之，
又封其庭中为行春台（行春台在平山堂前，宋丹阳刁约建。清朝
金镇仿其制重建，台上植梧桐数十本，台下东西缭以长垣，艺诸
卉果。汪应庚又重加修葺，种老桂百余株，露冷秋高，香闻数里[3]），
察访使钱塘沈括为之记。隆兴元年，长兴周淙由濠梁守进徽猷阁，
帅维扬，起其废，内翰鄱阳洪迈记之。淳熙间，龙图赵子濛尝加
修葺，承宣郑兴裔更增大之。庆元间，右司郎中糜师旦移柳数十
本，属扬帅赵子固为补植。嘉定三年，大理少卿赵师石除右文殿
修撰，起帅于扬，始复堂之旧观。宝庆间，史岩之更修葺之。"[4]
叶梦得、吕祖谦等人生活的年代距欧阳修建成平山堂不过几十年，
他们所记载的北宋时平山堂文人雅聚的盛况当不为虚，足可见平
山堂在当时中国士大夫文人心目中地位之高。欧阳修作为北宋儒
学的代表人物，终生对佛教持批判态度，有学者指出他于蜀冈之上、
大明寺旁修建平山堂的做法，是为了表现他与佛教对抗的立场。

[1] 叶梦得《避暑录话》卷上，转引自汪应庚《平山揽胜志》卷4《平山堂》，广陵书社，2004年，第63页。
[2] 吕祖谦《卧游录》，转引自汪应庚《平山揽胜志》卷4《平山堂》，广陵书社，2004年，第63页。
[3] 赵之壁《平山堂图志》卷1《名胜上》，广陵书社，2004年，第3页。
[4] 程梦星《平山堂小志》，转引自赵之壁《平山堂图志》卷1《名胜上》，广陵书社，2004年，第2页。

但蜀冈周围自然风光以及历代修建城濠时所形成的水文风光，很可能也是欧阳修于蜀冈上建堂的重要因素。姑且不论欧阳修选址蜀冈修建平山堂的初衷何在，他作为中国儒家士大夫的精神代表，他所修建的平山堂成了宋代以及后世士大夫们的精神寄托，从而为蜀冈一带汇聚了更多的人气是不争的事实。而正是人们争相瞻仰平山堂的热情，促进了通往此处的水道的发展和定型，并对瘦西湖景观最终的形成起到了重要的推动作用。

至于平山堂此后的发展，可参见赵之壁《平山堂图志》："元及明初，堂之兴废不可考。万历间，乌程吴秀领郡事，重修之，司李章邱赵拱极为之记。国朝康熙元年，土人变制为寺，以堂为前殿。十二年，山阴金镇知扬州府事，邑人刑部主事汪懋麟谋重建平山堂于镇。十三年，堂成，置酒召客，四方名贤至者数十人，萧山毛奇龄、宁都魏禧、郡人宗观及镇与懋麟皆有记。会镇迁驿传道，十四年，过扬郡，属懋麟拓堂后地，建镇赏楼。祀宋诸贤于上。堂下为讲堂，堂前台高数十尺，复行春之旧，颜其门曰'宋欧阳文忠公书院'。……乾隆元年，光禄寺卿汪应庚重建，增置洛春堂于真赏楼后，又于堂之西为西园，应庚之子、知宁波府起时加修葺。乾隆十五年、二十一年、二十六年、二十九年，应庚孙奉宸苑卿立德、按察使秉德益廓而大之。先是，康熙甲子岁，恭逢圣祖仁皇帝翠华临幸，赐额赐诗。乙酉、丁亥，再赐堂额。乾隆辛未、丁丑、壬午、乙酉，我皇上四幸江南，诗文联额，宠锡逾常，银牓璀题，光昭云汉。今俱敬谨录冠卷首，以识斯堂遭遇之隆，千古所未有也。"[1]

[1] 赵之壁《平山堂图志》卷1《名胜上》，广陵书社，2004年，第2-3页。

(2)士大夫园林的发展

北宋时出现在蜀冈的另一座士大夫园林，是苏轼修建的谷林堂，谷林堂位于平山堂北，是苏轼于北宋元祐七年（1092）由颖州徙知扬州时，为纪念他的老师欧阳修而建，堂成之日，苏东坡赋诗《谷林堂》："深谷下窈窕，高林合扶疏。美哉新堂成，及此秋风初。我来适过雨，物至如娱予。稚竹真可人，霜节已专车。老槐苦无赖，风花欲填渠。山鸦争呼号，溪蝉独清虚。寄怀劳生外，得句幽梦余。古今正自同，岁月何必书。"苏诗援引了古诗"下窥幽谷底，窈窕一何深。鱼动起重渊，鸟惊奋高林"的赞美和惊叹，堂名"谷林"取自苏诗"深谷下窈窕，高林和扶疏"一句，深寓着苏东坡对老师的敬重和仰慕。谷林堂坐北朝南，面阔五楹，中悬"谷林堂"匾，相传是苏东坡读书之处。堂前花坛上有老梅、天竹数株，庭中古松挺拔过檐，景物清幽，一幅凌霜斗雪的岁寒三友图，更彰显欧公傲世风骨。明代著名画家沈周绘有《谷林堂诗意图》。

此外，至今可考的北宋时建于蜀冈周围的建筑依次还有：

九曲亭 波光亭，顾銮《广陵览古》记载："宋艺祖破李重进，驻跸蜀冈。寺有龙斗于九曲池，命立九曲亭以纪其事，后圮。乾道二年，郡守周淙重建，易以'波光亭'额，已而亭废池塞。庆元五年，郭杲命工浚池，引注诸塘之水，建亭于上，遂复旧观。又筑风台、月榭，东西对峙，缭以柳阴，亦一时胜景也。宋陈造有《波光亭赋》"[1]。

---

[1]顾銮《广陵览古》卷2，广陵书社，2005年，第28-29页。

春贡亭，在蜀冈上。蜀冈产茶，甘香如蒙顶。宋时入贡，有"春贡亭"。宋欧阳修《和刘原父春贡亭》诗："昆丘蒙谷接新亭，画舸悠悠春水生。欲觅扬州使君处，但随风际管弦声。"梅尧臣诗："蒙谷浮船稳且平，泊登冈顶看茶生。始从官属二三辈，时听春禽一两声。"[1]

时会堂，在蜀冈上，乃宋时造贡茶之所。宋欧阳修《和刘原父》诗："积雪犹封蒙顶树，惊雷未发建溪春。中州地暖萌芽早，入贡宜先百物新。忆昔尝修守臣职，先春自探两旗开。谁知白首来辞禁，得与金銮赐一杯。"[2]

以上两处皆属茶园。

借山亭：《平山堂图志》转嘉庆《扬州府志》的记载："宋熙宁年间，郡守马仲甫于九曲池筑亭，名曰借山，有诗云：'平野绿阴蔽，乱山青黛浮'。亭圮，向子固重建。"[3]

摘星亭、摘星楼，顾銮《广陵览古》将之作为两处介绍。言摘星亭即迷楼故址。宋苏辙诗："阙角孤高特地迷，迷藏浑忘日东西。江流入海情无限，暮雨连山醉似泥。梦里兴亡应未觉，后来愁思独难齐。只堪留作游观地，看遍峰峦处处低。"[4]而写到摘星楼时，他引用了《名胜志》中的说法："宝祐城楼，故摘星楼也。江淮南北，一览可尽。"贾似道置额曰"三城胜处"。绍圣间，晁补之坐修摘星楼不核实支省钱左迁[5]。根据嘉靖《维扬志》记载：

---

[1] 顾銮《广陵览古》卷2，广陵书社，2005年，第29页。
[2] 顾銮《广陵览古》卷2，广陵书社，2005年，第30—31页。
[3] 赵之壁《平山堂图志》卷1《名胜上》，广陵书社，2004年，第7页。
[4] 顾銮《广陵览古》卷2，广陵书社，2005年，第28页。
[5] 顾銮《广陵览古》卷2，广陵书社，2005年，第25页。

"摘星亭,在城西北角,旧志云即迷楼旧址北,后曰摘星亭又曰摘星楼,又曰摘星台。贾似道筑宝祐城,建楼于城上,匾曰'三城胜处'。规址亢爽,江淮南北一目可尽。苏辙秦观俱有诗。"[5]又载摘星楼"绍圣二年晁补之坐修故摘星楼不复实,支省钱降通判应天府"[6],据此可知,至晚在北宋绍圣二年便已经有摘星楼。而摘星楼和摘星亭应该是指同一处建筑。

摘星寺(即后之观音寺),程梦星在《平山堂小志》中描述观音寺时,云:即观音阁,宋《宝祐志》做摘星寺,明高宗本《惟扬志》云:"即古摘星亭址。"赵之壁《平山堂图志》言:秦少游有"上平山堂,遂登摘星寺"之语,则宋时为摘星寺。元至正间,僧申律结庵于此。明洪武己未,僧惠整建观音寺,乙亥重造山门,题曰"功德山"。正统丁巳,僧善缘重修,复建山门,曰"云林",两淮运使四明严贞为记。国朝乾隆六年,邑人汪应庚鼎新之。今按:观音寺,在蜀冈东峰最高处。古摘星亭,一称摘星楼,《方舆胜览》云"摘星楼在城角,江淮南北,一览可尽"者是也。严贞记云:"钦赐蒋山八功德水,塑观音像并地藏像,驰驿至山,因称功德林,又称功德山。"明董谷《碧里杂存》云:"钟山孝陵即宝志瘗所,旧有八功德水,刘诚意奏改葬宝志,水亦随往。太祖异之,为建灵谷寺,使太常致祭焉。"功德山观音像塑于洪武己未,则八功德水尚称蒋山,宜也。乾隆二十一年,通奉大夫程栩重修,其子按察司钧、布政司理问王质叠加修葺,规模焕然。丁丑、壬午、乙酉岁,我皇上临幸,再赐诗章,俱敬谨勒于石。又于寺西建碑

---

[5]嘉靖《惟扬志》卷7《公署志》。
[6]同上。

亭，御书石刻供亭内。亭后为门，为庑，为正厅，厅右曲室数折，有小池畜文鱼数百头。临池为屋，御书"天池"二字额敬悬屋内。再数折，由石路西下至山麓。山之景，一曰"山亭野眺"[7]。

总的来说，北宋时期，以平山堂的修建为标志性事件，瘦西湖周边以其深为文人士大夫钟爱的景观特质，吸引了大量文人士大夫群体在此开展造园和景观建设活动，一度出现了大量士大夫园林，这一方面体现了时代背景下士大夫文化的趣味取向，另一方面也为后世留下了诸多关于士大夫造园文化的历史记忆，而瘦西湖景观发展的这一段历史及其代表的景观文化特征，也成为后世极力希望复兴的要素之一。而"平山堂"也和前代的诸多标志性景观文化概念一样，成为代表这一时期的景观文化的关键词。

2.3 第三阶段：景观的多元转型时期（南宋元明时代）

南宋元明时期，作为瘦西湖文化景观的多元转型期，在瘦西湖发展史上占有十分重要的地位。这一时期陆续出现在今瘦西湖北段的许多景点，促使扬州城里的人逐渐往郊外聚集，使得今瘦西湖北段尤其蜀冈一带成为城中人郊游的重要场所。同时随着从南宋到明保障河沿岸景观的增加，人们从城中前往蜀冈的出游路线也发生变化，而这种路线的改变对于后世瘦西湖水系的发展有直接且重大的影响。因此在这里将南宋元明时期作为历史上瘦西湖景观形成的一个整体的大断代加以探讨，笔者认为根据其地处城郊、依山傍水的特点，可以将之定义为具有郊野趣味的山水园

[1] 赵之壁《平山堂图志》卷1《名胜上》，广陵书社，2004年，第6-7页。

林时期。

从隋到北宋，今天瘦西湖所具备的最主要的景观特征，如隋炀帝时代营建江都宫所带来的帝王文化的奢华意象，修建隋堤、沿堤植柳而造成的"柳"之景观意象的形成，唐代杜牧"二十四桥明月夜"所描绘出的那幅月色与水系、桥梁巧妙结合的朦胧景色，宋代欧阳修"平山阑槛倚长空，山色有无中"所反映出的蜀冈上云雾缭绕、清丽飘渺的景致，都是清代人大规模营建瘦西湖湖上园林景观时所按图索骥的一些景观意象，对清代瘦西湖景观的营建起到了巨大的指导作用。但是在北宋之后、清代之前，也就是南宋到明末这段时间，是瘦西湖景观发展相对沉寂的一个时期。当然这里所说的沉寂，是指这一时期没有像隋唐北宋那样出现具有鲜明特色和文化象征意义的景观。这一时期的景观是零星出现的，而且具有平民化的特点，是瘦西湖的文化向多元化转化的一个重要过渡期。清代时瘦西湖文化以一种融合了帝王文化、士大夫文化、盐商文化以及市民的形式达到顶峰，与这一过渡时期的铺垫是分不开的。而且瘦西湖水系的全部出现和最终定型也是在这个时期，因此它在瘦西湖景观的发展史上依然是不能忽视的一个时期。

2.3.1 南宋：战乱中的沉寂与短暂衰落

在局势相对稳定的北宋，扬州城郊外的蜀冈之上陆续出现了许多或与皇室、或与士大夫、或与佛教相关建筑和设施，是景观出现较多、文化较为兴盛的一个时期。而在金兵南下，宋室南渡后，扬州则成了南宋皇室的北门，军事防御地位变得十分重要。由于其正当行在所（临安府，即杭州）的正北方，对南宋朝廷的安危关系巨大。女真人、蒙古人的频繁兴兵，使扬州屡遭荼毒。南宋绍兴三年（1161），金主完颜亮陷瓜州，继而占领扬州，虽然不久南宋便将扬州收复，但这里作为南宋抵抗金兵的最前线，始终承担了巨大的军事压力，经济、文化活动难以展开，城市发展陷入了巨大的倒退之中。淳熙三年（1176），二十二岁的词人姜夔经过扬州。虽然此时距完颜亮南侵占领扬州已经有十六年，但呈现在人们眼前的，仍然是一幅浩劫之后的荒凉景象。姜夔感触很深，于是写下了著名的《扬州慢》。词曰："淮左名都，竹西佳处，解鞍少驻初程。过春风十里，尽荠麦青青。自胡马窥江去后，废池乔木，犹厌言兵。渐黄昏，清角吹寒，都在空城。 杜郎俊赏，算而今重到须惊。纵豆蔻词工，青楼梦好，难赋深情。二十四桥仍在，波心荡，冷月无声。念桥边红药，年年知为谁生？"道出了昔日繁华浪漫的扬州城今时的破败萧条。读者们一定会隐隐感觉到，这首《扬州慢》与南朝鲍照《芜城赋》所刻画的景象何曾相似，"芜城"的意象再度笼罩了扬州城。

　　因战事连绵，南宋时期的扬州城经历了重大的变迁。这一时期的城防建设无论是从文献记载还是从考古挖掘来看都相当多。如宋高宗建炎元年（1127）命吕颐浩缮修城池，次年十月又命扬州浚濠修城。孝宗乾道三年（1167）又修。淳熙二年（1175）郭棣知扬州，认为蜀冈上的汉唐故城"凭高临下，四面险固"可以据以防守来犯之金兵，所以又在蜀冈唐子城废墟上修筑"宝寨城"（又名堡城），与作为州城的宋大城南北对峙。不久又在其间筑夹城，疏两濠。嘉定年间（1208—1224），崔与之权知扬州事，"既至，浚壕广十有二丈，深二丈……开月河，置钓桥，州城与堡寨城不相属，旧筑夹城往事，为易以甃"[1]。

贾似道加筑堡城，于宝祐年间竣工，改堡城之名为宝祐城。宝祐城放弃了唐代子城东半部，于原南门至北门以东，纵筑一道东墙而成。咸淳五年（1269）两淮制置大使李庭芝为阻止元兵控制平山堂这一制高点，乃加筑大城包平山堂于城内，又称为平山堂城。宋大城、宝祐城和夹城是在战事连绵的背景下形成的。宋大城的范围北濠即柴河，南濠、东濠为运河。唐代南北向的两条水道（即九桥河和官河）中，西侧的水道被利用为宋大城西侧的护城河即保障河。这条保障河的上半段后来成了瘦西湖的一段，即C段水体。而关于A段水体，根据相关研究显示，至晚在"安史之乱"前的盛唐时代，蜀冈下罗城西城濠便已将其囊括在其中。而大致到南宋时，瘦西湖的B段水体，即连接A段水体和C段水体的水系，也作为防御北方游牧民族骑兵的阻马河出现了。因此，北宋至南宋时期是瘦西湖水系发展的重要时期。但从景观的角度而言，由于南宋战事频仍，且后来作为瘦西湖一段的C段水体当时承担着护城河的防御功能，周围不可能出现任何景观。只是在瘦西湖的北段的蜀冈上，断断续续出现了一些小的景观。

比如说竹心亭。《平山堂图志》根据乾隆《江都县志》记载，言竹心亭"一名半山，在借山亭下茂林修竹间，宋淳熙二年吴企中建，今俱不存"[2]。又万花园，乾隆《江南通志》记载"在江都县堡城内，宋端平十三年制使赵葵即统制署为之"[3]。可见在南宋始终与金兵和蒙古兵作艰苦斗争、扬州城的城市定位发生重要变

[1]《宋史》卷34《孝宗本纪》。
[2] 赵之璧《平山堂图志》卷1《名胜上》，广陵书社，2004年，第7页。
[3] 乾隆《江南通志》卷33《舆地志》。

化的情况下，那时的扬州城不可能出现太多让文人士大夫寄寓闲情的场所，因此景观的建设出现了大的停滞。但是即便是在这种战事频仍的背景下，也会有一些相对安定的时期，城中百姓的日常生活在继续，扬州城中的官民依然要进行日常的宗教活动抑或游乐活动，因此蜀冈上的大明寺、平山堂一带，应该还是陆续有城中百姓的涉足。

这段时期人们从城中前往平山堂等处的路线，一般是从官河，即唐代遗留下来的城中两条贯穿南北的水道的东面一条河沿河北上，到达浊河后沿浊河向西而来到蜀冈一带。而后来成为瘦西湖B段的那段水系，在这时还未成为城中人们出城时所利用的水系。它进入扬州百姓的日常生活中，和扬州百姓出游郊野的路线密切相关，是在元代法海寺即后来的莲性寺修建之后的事情。

2.3.2 元代：郊野风光的初步形成

南宋晚期，扬州地位其实又有所下降。《舆地纪胜·扬州》载："嘉定以来以楚州兼山东、淮东安抚节制司，而扬州止兼管内安抚。"但在元朝灭亡南宋，统一全国后，随着政治中心和经济中心的再一次分离，扬州作为沟通南北交通和运输的中转枢纽的作用再一次被发挥出来，受到新政权极大的重视，使之一度恢复到堪与唐朝比肩的繁华。

元朝至元十三年（1276），元廷在占领扬州的当年便在扬州设置江淮行省（又称扬州行省或淮东行省，曾二度改称江浙行省，徙治杭州），主要统辖两淮、两浙地方，相当于今天的江苏、安徽、浙江、上海及江西的一部分。至元二十八年（1291）十二月，改江淮行省，扬州属河南行省（治汴梁，今开封）管辖。至正十二年（1352）闰三月，又于扬州置淮南、江北等处行中书省，辖治今江苏、安徽、湖北东部长江以北地区。行省之下，元朝在扬州设淮东道宣慰司，分管扬州、淮安两路及高邮府军民事务，辖境相当于今江苏长江以北的大部分（不包括徐州市及宿迁市的部分地区）及安徽的一部分地区。宣慰司下设扬州路总管府（有时直属行省）领有真、滁、通、泰、崇明五州。扬州此时还常常作为行御史台和行枢密院以及江淮盐运使司的驻地，地位非常重要，两淮盐场即在其管辖之下。意大利旅行家马可·波罗在元初来到扬州，《马可·波罗行记》中写道扬州"城甚广大，所属二十七城，皆良城也。此扬州城颇强盛，大汗十二男爵之一人驻此城中，盖此城曾被选为十二行省治所之一也……居民是偶像教徒，使用纸币，恃工商为活。制造骑尉战士之武装甚多，盖在此城及其附近属地之中，驻有君主之戍兵甚众也"[1]。马可·波罗甚至在他的行记中描述他曾奉大汗之命治理扬州三年，虽然学术界对此事的真实性尚存争议，但扬州作为当时的国际化都市聚集了许多外国人是不争的事实。当时扬州还设有崇福司，掌管基督教（当时主要是景教和天主教）的教堂和教士。元代来华（1322—1328）的方济各会会士鄂多立克在《东域纪程录丛》中写道："然后，我过了那条河（运河），来到称为扬州的一个城市，城内有所房屋是我会（方济各会）修士的。另外，景教徒有三所教堂。"

元代扬州物产丰富，工商业发达。元人说扬州"介江南北，而以其南隶浙西，其北隶河南，壤地千里，鱼盐稻米之利擅于东南，

---

[1] 马可波罗著、冯承均译《马可波罗行记》第143章《扬州城》，东方出版社，2007年，第376页。

为天下府库盖将百年矣"[1]。其地"商贾云集，舟楫溯江，远及长沙"[2]。元人吴师道（1283—1344）咏扬州诗云："画鼓清箫估客舟，朱竿翠幔酒家楼。四城列屋数十万，依旧淮南第一州。"扬州发达的经济和众多的历史古迹也吸引了大量的游客。元人宋无有诗描述："红桥二十四，明月照笙歌。若是迷楼在，游人应更多"[3]。描写扬州繁荣景象的诗还有很多，如王冕（1287—1359）的《过扬州》写道"东南重镇是扬州，分野星辰近斗牛……十里朱帘晴不下，银罂翠管满红楼"[4]等等。元人乔吉（？—1345）的杂剧《扬州梦》描写的扬州风景美、人物稠、行业多、商品丰，一片繁华景象。

元代的扬州城袭用宋大城，宋代建于蜀冈上的宝祐城以及连接宝祐城和宋大城的夹城都被荒废。这也就造成了从隋唐到南宋建于蜀冈之上的景物完全沦落在了荒郊野外。终元一代，在护城河以及蜀冈周围，很少修建新的设施或景观。至于当时蜀冈一带的景色，我们可以在前去登高望远、凭吊古人的或寓居或经过扬州的元代文人的诗文中一窥究竟。

如张翥（1287—1368），元代诗人，字仲举，晋宁（今山西临汾）人，至正元年（1341）被任命为国子助教，后来升至翰林学士承旨。他有一段时间隐居扬州。他为元代文人成廷珪的《居竹轩诗集》写的序文中曾说"余在广陵时，尝与周游乎山僧野士之寓，或临大江眺群峰，或升蜀冈坐茂树，未尝不诗"。这句话其实便透露出当时蜀冈周围多是"山僧野士之寓"，是一片树木繁茂的地方。

第 2 章 瘦西湖景观发展的断代研究

---

［1］孙大雅《沧溧集》卷2。
［2］姚燧《牧庵集》卷23。
［3］李坦《扬州历代诗词》第1册，人民文学出版社，1998年，第444页。
［4］郭正忠《中国盐业史》古代编，人民出版社，1997年，第471页。

在他的诗集《蜕菴集》中，多有描写与友人同游蜀冈诗句。如卷一有《清明日偕李钦嗣游吴公号台至雷塘蜀井》："路绝平沙过，新塘水半干。龙归雷雨恶，鹊没海天宽。县帜春酤熟，行厨野际寒。此生无倚泊，随处得盘桓。"[1] 卷三《忆维扬》："蜀冈东畔竹西楼，十五年前烂漫游。岂意繁华今劫火，空怀歌吹古扬州。亲朋未报何人在，战伐宁知几日休。惟有满襟狼藉泪，何时归洒大江流。"[2] 卷七《秋日偕成居竹秦景桓游蜀冈万花园》："九曲池平带蜀冈，吴公台远隔雷塘。闲寻遗迹怀千古，迥立高秋望八荒。黄落山川秋广大，青冥风露日凄凉。一尊不慰登临地，朔雁南云恨更长。"[3]

以上几首张翥的诗中所反映出元代蜀冈一带，是一幅荒郊野外的景象。其中涉及的几个重要的景观，雷塘，汉时名雷陂，为一人工开凿的湖泊，宋《舆地纪胜》曰"雷塘在江都县北十里，隋炀帝葬其地"[4]。《西征记》、《南兖州记》记载雷陂有吴王刘濞之钓台。蜀井，万历《扬州府志》载其"在城东北蜀冈上禅寺侧，其泉脉通蜀江。相传有僧洗钵蜀江，失之，从井浮出，僧从游扬州，识之。又云其水味甘洌如蜀江因名"[5]。竹西楼亦在蜀冈上，取唐杜牧"谁知竹西路，歌吹是扬州"一句以命名。其侧有竹西寺，又名上方寺、禅智寺，寺本隋炀帝故宫。后舍宫为寺，御题"鹭鸶云岭"和"赐上方禅智寺"。九曲池，万历《江都县志》载其在城西北七里，"隋炀帝尝建木兰亭于其上，做水调九曲，每游幸昔按之，今在蜀冈麓"[1]。万花园，乾隆《江南通志》记载"在

[1]《蜕菴集》卷1。
[2]《蜕菴集》卷3。
[3]《蜕菴集》卷7。
[4] 王象之《舆地纪胜》卷37。
[5] 万历《扬州府志》卷21《古迹·池井》。

江都县堡城内，宋端平十三年制使赵葵即统制署为之"[2]。吴公台，《明一统志》载：在"府城北四里，刘宋沈庆之攻竟陵王诞所筑弩台也。后陈将吴明彻围，北齐东广州刺史敬子猷增筑之以射城内，因名"[3]。说明这个时期蜀冈上的景物，基本是从汉代到南宋的历史遗存，这一带在当时人迹罕至。

另有其他一些元代文人的诗词，亦涉及以上景物。如曾隐居于扬州的成廷珪，在扬州建居竹轩，是扬州建于元代的为数不多的园林之一。他的诗集名为《居竹轩诗集》，卷三《和孙行简夜宿万寿山经阁诗韵二首》中亦描绘了蜀冈一带的景色："蜀冈缥缈之飞楼，风簾雾箔悬高秋。云间五色孤凤下，木杪几个哀猿愁。书生素有万言策，主人赠以千金裘。沧江坐啸者谁子，碌碌虚名何足收。九曲池边有秋色，水光荡漾清于苔。白云相邀上山去，明月更喜随人来。一声两声松子落，千朵万朵芙蓉开。老僧悟我静中意，不遣阶墀留俗埃？"

除去上面提到的蜀井、九曲池、万花园、吴公台等，宋代欧阳修所建平山堂是文人墨客们最常涉足之处。尽管此时的平山堂年久失修，但它作为士大夫文人精神象征的功能并未失却。元代文人过扬州时往往还是会登临平山堂并赋诗以记。可列举的元代文人咏平山堂的诗词有王奕《到扬州》、《临江仙·和元遗山题扬州平山堂》，滕安上《中秋玩月于平山堂提刑·公索赋》、《平山堂木芍药盛开紫素相间香韵殊绝门生邀赏因为赋此》，陈孚《观光稿·平山堂》，柳贯《次衢州卢彦远总管

[1]万历《江都县志》卷7《江都志七》。
[2]乾隆《江南通志》卷33《舆地志》。
[3]《明一统志》卷12《扬州府》。

任仲安同知留宴平山堂上慨想旧游席间为赋》，舒頔《维扬七咏·平山堂》等。

通过以上元代文人对保障河尤其是蜀冈一带的描述可知，在元代，蜀冈上虽有部分景观可供人游览，但均是前代的遗存，因此诗人所写的诗句也往往触景生情，多成凭吊古人之作。元代时蜀冈一带地处城郊，尽管扬州城内繁华如斯，但此处却远离都市繁华，是士大夫文人登高望远、驰目骋怀的好去处。从上述张翥的诗文中，我们不难看出当时蜀冈周围视野开阔，林木葱葱的景致。而且当时扬州的士大夫文人过世后，也往往葬于蜀冈，这在元人所撰写的一些墓志铭中有所体现，如元吴澄《吴文正集》卷七三《故文林郎东平路儒学教授张君（达善）墓碣铭》：张达善，"年六十七以疾终，大德壬寅六月十七日也，葬于扬子县甘露乡三城里蜀冈之原"[1]（按：张达善，人称导江先生，得到朱熹真传，而且是元代著名书法家。大德壬寅即大德六年（1302）没）。这种情况也从一个侧面证明了元朝时蜀冈一带较为荒凉的状况。总之，在元代，今蜀冈—瘦西湖地区在总体上是衰败的，故而文人以此地的景物为题所咏之诗词，多为哀愁感伤之作。

尽管元代时今天瘦西湖水系周围出现的景观不多，但却因一个寺庙的出现而促使城中居民前往蜀冈的路线发生了改变，这个寺庙便是法海寺。法海寺即后来的莲性寺，万历《江都县志》记载："在县西北三里善应乡，旧名法海寺，元至元年间僧为正建"[2]。元代有两"至元"，一般所指为前至元，即公元1264—1294年。

---

[1] 吴澄《吴文正集》卷73。
[2] 万历《江都县志》卷7《江都志七》。

法海寺建成之后，香火旺盛，扬州城中前去请香还愿的居民络绎不绝。而宋时经官河至浊河直达蜀冈的出游路线并不经过法海寺，因此他们便只好取道南宋时挖掘的位于城外用作阻马河的那条东西向的水系，即后来瘦西湖的B段水体。可以说，法海寺的出现带动了这一水系频繁地被城中人出行所利用，也在客观上促进了这一水系周围景观的陆续出现。因此说这条水系的被利用在瘦西湖的发展史上是一个重要的转折点。

另外据史料记载，法海寺前有法海桥。万历《江都县志》卷七载："法海桥，在法海寺前，嘉靖四年扬州卫指挥使火晟造，马驸有记。"[1]嘉庆《扬州府志》、光绪《增修甘泉县志》、民国《甘泉县续志》等因袭不改。然据明代马驸《重修法海桥记》，该寺"创造经始莫可考"，"旧有石桥，建始亦莫可考"[2]。魏禧《重建法海寺记》云"府志载，寺创于元至元，明初重建之，增修于正统"[3]。根据万历《江都县志》等，法海寺确为僧为正于元代至元年间创建，而法海桥的建造时间，也应当不晚于建寺。几乎同时，观音山上的观音禅寺亦由僧申律复建[4]。也就是说，元初已有法海桥。

这时在扬州城郊，也出现了一些私家园林，著名的如崔伯亨家园林。崔伯亨花园，乾隆《增补甘泉县志》作崔氏别墅，"元崔元亨（即崔伯亨）所居，在扬州城西"[5]。《扬州画舫录·红桥录上》载："红桥修禊，元崔伯亨花园，今洪氏别墅也。洪氏有

---

[1] 同上。
[2] 马驸《重修法海桥记》，载于汪应庚《平山揽胜志》卷3，广陵书社，2004年，第52页。
[3] 魏禧《重建法海寺记》，《平山揽胜志》卷3，广陵书社，2004年，第51页。
[4] 万历《江都县志》卷11。又据《平山图志》卷1和《平山揽胜志》卷8，该地宋代原有摘星寺，宋元之际毁于兵火，元初当重建寺庙，而另取名字。
[5] 光绪《增修甘泉县志》卷10。

二园，'红桥修禊'为大洪园，'卷石洞天'为小洪园。大洪园有二景，一为'红桥修禊'，一为'柳湖春泛'。"[1]元代时的园林均未留存至今，根据史料记载，元代扬州园林结构深受元代书画风气的影响，多以平远山水或单一题材为主，绝无崇山峻岭与平流涌瀑。由此可想见元代私家园林的风格。

元代时今瘦西湖水系周围的景观和景致便大致如此，这个时期相较于前代的一个显著特点是，元以前的景观大都出现在蜀冈一带周围，如大明寺、隋宫、平山堂，而从元代开始逐渐向南发展，这与扬州城市的南移有着密切关联。因为景观总是要出现在有人生活的地区的周围，元代放弃南宋宝祐城和夹城所在的广大地域，使得这一带完全沦为郊野。于是在原来夹城所在的区域，出现了法海寺这一象征了大众需要的宗教建筑。这很可能是因为大明寺距元代扬州城太远难以满足城中民众的精神需求，而正是法海寺的出现带动了南宋时出现的作为护城河一段的阻马河成为人们日常出行所利用的水道。阻马河的被利用将城西的护城河（瘦西湖C段水体是元代西护城河的北段）与原为唐罗城护城河一部分的瘦西湖A段水体连接起来，成为连接扬州城和蜀冈的一条成熟的航行路线，对今天瘦西湖水系的最终形成产生了重大的影响。

2.3.3 明代：郊野风光的定型

元末至正十七年（1357），扬州及其附近，已为朱元璋所有，改扬州路为淮海府，命张德林守扬州。兵火之余，"德林以旧城虚旷难守，乃截城西南隅，筑而守之"[2]。这是明最初的扬州城。

---

[1]李斗《扬州画舫录》卷10《红桥录上》，广陵书社，2010年，第115页。
[2]《续资治通鉴》卷214，元纪32。

城周一千七百五十七丈五尺，有城门五，城之四周有壕，南北各有水门一。明嘉靖年间，"楼寇突起，蹂躏郡邑，无城者多被残掳，自是沿海益增置营戍，设将领于是"[1]。知府吴桂芳在扬州城东的商业区筑城，东、南、北三面计长一千五百四十二丈，有城门七。东面与南面以运河为城河，只是南端比旧城向南突出，东墙也较大城更靠近运河，以之为壕，北面挖壕与旧城的城壕及运河相通。所建城位置相当于宋大城的东南隅，嘉靖三十五年（1556）建成。明初所建城称为旧城，嘉靖所建称为新城。分析明代旧城选址，"大城空虚难守"，所以筑城时会放弃一些土地，而保留的应该是最繁华重要的地段，市河恰好位于旧城之内，可见宋元时期市河附近一定是经济繁荣的地区。明旧城截取了宋大城的西南角，东西大道偏于城的北侧，南北主要干道的东侧多为居民房舍，临街为市肆，在开明桥和太平桥之间很有规律地分布着头巷、二巷至十巷的小巷道，西侧为官署寺庙，面积较大。新城建设的初衷完全出于御敌保卫居民的需要。

在明代，尽管先后修建旧城、新城，但其总体面积没有超过元代的扬州城，而且随着城池的进一步南缩，今天瘦西湖的D段水体在明末作为护城河最终形成了。根据嘉靖《惟扬志》，万历《江都县志》，万历、嘉庆《扬州府志》以及民国《甘泉县续志·河渠考》等的记载考证D段水系形成的过程可知，先是在元末明初张德林筑旧城时修建了从后来大虹桥南边的"虹桥修禊"至冶春园的护城河，而后又在万历二十年修建新旧城护城河时将这一水系进一

[1]康熙《扬州府志》卷38。

步向东开凿，最终使瘦西湖古城濠水系得以抵达天宁寺，加上之前已经出现的A、B、C段水系，瘦西湖的整个水系完全成形。

明代时活动于今天的瘦西湖一带的，主要有以下三个群体，即士大夫文人、一般百姓以及盐商。

如同元代一样，明代的文人也时常登临蜀冈，瞻仰平山堂，并在此写下咏怀古迹、凭吊古人的诗篇，且诗文的数量较之元代有过之而无不及。就其整体风格而言与元代文人并无太大不同，抒发的情感也极为相似。而且，与元代文人一样，平山堂是他们咏怀的重点。如明代苏州四大才子之一的文徵明在他的诗文集《莆田集》中，便有《过扬州登平山堂二首》："莺啼三月过维扬，来上平山郭外堂。江左繁华隋柳尽，淮南形胜蜀冈长。百年往事悲陈迹，千里归人喜近乡。满地落花春翠醒，晚风吹雨过雷塘。"又"平山堂上草芊绵，学士风流五百年。往事难追嘉祐蹟，闲情聊试大明泉。隔江秀邑千峰雨，落日平林万井烟。最是登临易生感，归心遥落片帆前"[1]。程嘉燧《松圆浪淘集》中《平山堂歌》："淮南九月天雨霜，邀我共醉平山堂。蜀冈逶迤云日黄，雷塘森瀰葭菼苍。"[2] 曾燦《平山堂吊古二首》："爽气四来积翠寒，金陵千嶂见龙蟠。君王只爱听歌舞，碧水丹山不肯看。""荒堆古路散斜阳，见说宫人葬蜀冈。芳草不知春去久，西风犹带绮罗香"[3]。

元明文人之所以热衷于借咏怀蜀冈上的古迹抒发自己的情感，尤其愿以平山堂作为咏怀的对象，很可能是因为平山堂在元明文

---

[1]《莆田集》卷12。
[2]《松圆浪淘集》春湖卷11。
[3]《明诗记事》辛籤卷28。

人的心目中代表了他们对士大夫文人应有的高尚情操的一种追求，他们咏怀古迹的诗篇，同时也是对自己当时心境的一种折射。

如果说在元代零零散散的史料中反映出的是蜀冈一带显得荒凉静寂的景色，那么在明代人的笔下，蜀冈已不仅仅是士大夫们抒发自己伤感情怀的地方，它在明代因扬州百姓们的涉足而变得热闹起来，有了更多市民生活的气息。明朝张岱《陶安梦忆》中有《扬州清明》一篇，描绘了清明时分扬州百姓前往蜀冈扫墓，一并在郊野畅游的场面。全文如下：

> 于此扬州清明日，城中男女毕出，家家展墓。虽家有数墓，日必展之。故轻车骏马，箫鼓画船，转折再三不辞往复。监门小户亦携肴核纸钱，走至墓所，祭毕，则席地饮胙。自钞关南门、古渡桥、天宁寺、平山堂一带，靓妆藻野，衭服缛川。随有货郎，路旁摆设古董古玩并小儿器具。博徒持小机坐空地，左右铺袒衫半臂，纱裙汗帨，铜炉锡注，瓷瓯漆查，及肩鮝鲜鱼、秋梨福桔之属，呼朋引类，以钱掷地，谓之"跌成"；或六或八或十，谓之"六成""八成""十成"焉。百十其处，人环观之。是日，四方流离及徽商西贾、曲中名妓，一切好事之徒，无不咸集。长塘丰草，走马放鹰；高阜平冈，斗鸡蹴踘；茂林清樾，劈阮弹筝。浪子相扑，童稚纸鸢，老僧因果，瞽者说书，立者林林，蹲者蛰蛰。日暮霞生，车马纷沓。宦门淑秀，车幕尽开，婢媵倦归，山花斜插，臻臻簇簇，夺门而入。余所见者，惟西湖春、秦淮夏、虎丘秋，差足比拟。然彼皆团簇一块，如画家横披；此独鱼贯雁比，舒长且三十里焉，则画家之手卷矣。南宋张择端作《清明上河图》，追摹汴京景物，有西方美人之思，而余目盱盱，能无梦想！[1]

[1] 张岱《陶庵梦忆》卷5《扬州清明》。

上述文字反映出两个问题：

第一，证实了从元代以来，地处城郊的蜀冈一带便多分布墓地，这一情况一直延续到明代，除了上文提到的张达善外，在城北上方山禅智寺东有盛仪墓，在蜀冈大校场东南有陆征君墓。盛仪，字德章，号蜀冈。明江都人，进士，官终于太仆寺卿。所纂《惟扬志》38卷，为扬州现存最早的地方志。征君，明代人，名弼，一名君弼，号无从，与苏州唐伯虎并称两才子。明神宗举山林隐逸，不赴。著有《正始堂集》《毛诗郑笺》《广陵耆旧传》《芳树斋集》《北户集补注》诸书，并修《江都县志》，证疑考信，后世赖之，世称"陆志"。此外在南京吏部侍郎储巏所撰《柴墟文集》中，亦有《明威将军指挥佥事乔君墓志铭》及《承事郎安伯恭墓志铭》等两篇墓志铭，写到乔岗及安伯恭二人葬于蜀冈。

第二，相较于元代时只有文人登临蜀冈、凭吊古人的情形，明代时蜀冈一带还聚集了扬州城中普通百姓的身影。《扬州清明》中提到的清明时活动在城郊蜀冈一带的人群，包括"监门小户""四方流离""徽商西贾""曲中名妓""宦门淑秀"等，可见在清明时分，当时生活在扬州城内的各种人，上至达官贵人、下至寒吏小民都从城里前往城郊，"自钞关南门、古渡桥、天宁寺、平山堂一带，靓妆藻野，袀服缛川"。而"长塘丰草""高阜平冈""茂林清樾"等词语描绘的，便是蜀冈一带的景色。张岱此文虽然描绘的是清明时节扬州百姓扫墓的情形，但实际上扫墓之余的娱乐活动更加能凸显出当时扬州市民生活的内容以及当时蜀冈在百姓日常生活中所扮演的角色。当时蜀冈保障河一带的城郊，很可能是扬州城内百姓闲暇时的休闲场所。而"长塘丰草""高阜平冈""茂林清樾"等词语反映出明代蜀冈周围的景致与元代张翥诗中所描述的相差无几。这证明了从元到明这一带的景观并没有特别明显的变化。但相较于元代时文人们登临蜀冈时的悲怆情调，明代百姓在出游时展现出的是一派其乐融融的景象，这说明明代扬州城外的保障河及蜀冈一代，虽然延续了前代作为郊野的性质，但活动于其中的人群以及人群所进行的活动已与前代有所不同，呈现出一派生机勃勃的景象，这也为后来士大夫、盐商们在城郊的修园活动埋下了伏笔。

另一个对保障河蜀冈一带的景观造成影响的是士大夫文人和盐商的造园活动。盐商是明清两代扬州经济发展的巨大推动力。有学者指出，明代的扬州不仅像前代那样以贸易盛、以漕运盛，更重要是以盐盛。造成这一特点的最重要的原因是明初盐业制度的改革。自明洪武三年（1370）起，明政府在盐业制度上实施了开中法，同年，明政府在扬州城（旧城）东大东门外设立了两淮都转运盐使司。扬州地处两淮盐场的中心，又交通便利，开中法的实行，使得晋商、陕商等西北商人和徽商纷纷来到扬州经商。但是从明初到明中叶，盐业改革对扬州带来的影响尚不明显。弘治年间漂流到浙江沿海的朝鲜人崔溥和嘉靖年间来明朝朝贡的日本人策彦周良在他们各自沿运河北上的日记中，均对扬州着墨不多，相反对苏州、杭州、宁波等城市的描写十分丰富，这从一个侧面反映出明代扬州与苏杭相比，尚不能算是全国首屈一指的大都会。扬州盐商虽然在明初就很活跃，但其数量的稳定增长应该归功于折色。从 15 世纪末开始，在弘治年间（1488—1505），'山陕富民多为中盐，徙居淮浙，边塞空虚'。"[1]大概从这时候开始,借助漕运"长运法"和"开中盐法"的实施,同时也得益于不断宽松的政治、经济大环境,扬州的商业又兴盛起来,再次成为"大贾走集,笙歌粉黛繁丽之地"。"四方客旅杂寓其间,人物富盛,为诸邑之最"。扬州的商业除盐业外,米行、木行、造船、南北货业、铜器业、茶食业、刺绣、漆器等手工业也很有名。明万历《扬州府志》载,万历年间的扬州聚四方之民,新都最,关以西(陕)、山右(晋)次之。新都即新安,是徽州的古称。在扬州的徽州人以商人居多,其中又以盐商为最。徽商的大量白银汇聚扬州,为扬州文化的发展提供了坚实的经济基础,极大地促进了扬州文化的繁荣。明代万历年间,在扬州的盐商多达数百余家,资本超过了3000万两,"扬州富甲天下"也已驰名远近。徽商在将他们积聚的大量财富用来在扬州购置房产、追求享乐的同时,也将他们的文化追求带到了扬州。他们的趣味和喜好对于当时扬州的城市变迁起到了一定的影响。

明代是扬州园林一个十分重要的发展阶段,而扬州园林的修建又和盐商有密不可分的关系。这一方面依赖于盐商经济的繁荣,另一方面因为徽州的重儒传统,许多徽商成为儒商,从事书籍收藏、出版以及修建书院等文化活动,刻意向文人的趣味靠拢,因此原本寄托了文人士大夫隐逸情结的园林也成了徽商借以体现自己的文人趣味的重要载体。明清两代扬州徽商的造园活动十分兴盛,他们造园的数量和质量均有赶超文人士大夫之势。有明一代,扬州城外有平山别墅、偕乐园、苜蓿园、慈云园、康山草堂、五

---

[1](澳大利亚)安东篱著,李霞译,李恭忠校:《说扬州:1550—1850年的一座中国城市》,中华书局,2007年,第44页。

亩之宅二分之间、影园、嘉树园、休园、红雪楼、迂隐园、小东园、遂初园、竹西草堂、双槐堂、皆春园、乐庸园、阎氏园、冯氏园、员氏园以及寐园、荣园等等，其中最有名的要数出身徽州盐商世家的郑氏四兄弟的园林，即元嗣、元勋、元化和侠如的五亩之宅二分之间、影园、嘉树园、休园。四园中艺术成就最高的是郑元勋（字超宗）的影园，被誉为"江南名园"。李斗《扬州画舫录》载："影园在湖中长屿上，古渡禅林之北。旁为郑氏忠义两先生祠，祠祀祭郑超宗、赞可两公。园为超宗所建，园以影名者，董其昌以园之柳影、水影、山影而名之也。"影园的设计者是明代园艺大师计成，著有《园冶》，园主人郑元勋在该书的题词中谈道："予卜筑城内，芦汀柳岸之间，仅广十笏，经无否（计成）略为区画，别具灵幽。"又据郑元勋自撰的《影园自记》的描写，"前后夹水，隔水蜀冈蜿蜒起伏，尽作山势。环四面柳万屯，荷千余顷，萑苇生之，水清而多鱼，渔棹往来不绝"，"取道少纡，游人不恒过"，"升高处望之，迷楼、平山皆在项臂，江南诸山，历历青来。地盖在柳影、水影、山影之间"。由此可见，位于旧城西南的影园虽然离蜀冈较远，但却将蜀冈作为了对景，登上影园内的楼阁，蜀冈上面的景观也尽收眼底。

明代时保障湖蜀冈一带虽仍为郊野，但士大夫文人和盐商对山水逸趣的追求，使得其中一部分人考虑将园林的选址放在城郊。宣德年间有一私家园林——红雪楼乃建于蜀冈之上，在功德山东偏，为明朝进士梁亨所筑。清光绪增修《甘泉县志·古迹下》："红雪楼在观音山旁，三原梁亨筑。宣德间进士，淡于仕途，会方行中盐法，移家侨寓于扬。建楼筑墅，蒔松竹桃柳，啸吟其中。

东南与草河、霄市桥相通，遍植荷花，一望无际。后荷池尽为田，楼至乾隆尽圮。乡人不知有红雪楼之名，尚呼'梁家楼子'"[1]。

但总体而言，明代时修造的园林还是以城市园林居多，多位于扬州城内，但这些园林多已不存。此外，明代修建的保障湖上的重要景观还有红桥。崇祯年间，官府在保障河上建红桥。吴绮《扬州鼓吹词序》云："（红桥）在城西北二里，崇祯间形象设以锁水口者。朱栏数丈，远通两岸。彩虹卧波，丹蜺截水，不足以喻。而荷香柳色，曲槛雕楹，鳞次环绕，绵亘十余里。春夏之交，繁弦急管，金勒画船，掩映出没其间，诚一郡之丽观也。"[2]

从现有文献来看，明代的扬州园林，究其布局而言，大多属于城市园林，分布在府城以内及其附郭，而到了清代以后，湖上园林的数量不断增加，且集中在保障湖畔蜀冈一带。当然这与康熙、乾隆的各六次南巡有直接的关系。

总而言之，从南宋到明代，今瘦西湖一带景观的发展有别于隋唐北宋，并未出现大规模或者极具文化象征意义的景点，红桥被清代人追捧则是后话。这一时段，瘦西湖水系周围的景致是总体上是萧条的，景观多是隋、唐、宋，乃至汉代的遗存。南宋因战乱不休，不要说瘦西湖，即便是扬州城的发展都陷入了大的停滞之中。元代时蜀冈一带的景致十分荒凉，倒是法海寺的出现为城郊汇集了一些人气。明代相较于元代，虽然随着城池的南缩，原护城河的北段已不承担保障的功能，但却没有得到继续的开发，而是随着城池的缩小而逐渐荒废。可能在明代，这段被荒废的护

---

[1]光绪《增修甘泉县志》卷10。
[2]吴绮《扬州鼓吹词·序》。

城河周围陆续出现了一些农田。清初文豪王士禛《红桥游记》中描述的"下桥（红桥）四面皆人家河塘、六七月间，菡萏作，花香闻数里"[3]的景象，大概也是在明代就开始形成了。而元代以及明代的史料中均反映出蜀冈一带林木茂盛，分布着许多墓地，这也从一个侧面反映出其远离城市、空旷荒凉的景象。但是，从元至明，保障河至蜀冈一带的景致还是有些微的变化。

第一，随着扬州百姓活动空间的扩大，地处郊野的蜀冈一带成了大众进行休闲娱乐的重要场所。从《扬州清明》记载的场景来看，当时蜀冈一带在清明这个特殊的日子里十分热闹。虽然笔者没有找到平时扬州百姓在蜀冈周围活动的材料，但是从清明时候各种身份的人聚集于此，从事各种各样的娱乐活动这一点来看，他们向蜀冈一带聚集并不是一朝一夕的事情，在其他一些适合出游的季节里，扬州百姓很可能也会来到蜀冈一带进行类似的活动。这说明较之元代，明代时的保障河蜀冈一带与城中居民生活的关系更为密切了。

第二，保障河蜀冈一带的景观有所变化。上文提到过竹西亭在元代时尚存，但根据万历《扬州府志》记载，其在明万历年间以前便已经消失，只留遗址。而根据张翥在《忆维扬》一诗中"蜀冈东畔竹西楼，十五年前烂漫游。岂意繁华今劫火，空怀歌吹古扬州。亲朋未报何人在，战伐宁知几日休，惟有满襟狼藉泪，何时归洒大江流"[1]诗句可判断，竹西楼很可能便毁于元末的兵火中。这是从元至明保障河蜀冈一带景物减少的一个例子。但与此同时，

---

[1]汪应庚《平山揽胜志》卷1《红桥·红桥游记》，广陵书社，2004年，第5页。
[2]《蜕菴集》卷3。

明代中后期扬州的士大夫文人和盐商的造园活动，又使得这一周围增添了许多新的景观，如上文提到的红雪楼。这一增一减便造成了保障河蜀冈一带景观的变化。虽然根据现存的史料无法清晰地归纳出今瘦西湖一带在元明各个时期的变化轨迹，但其大体的变迁应该便是如前所述。

综上所述，从南宋到明代，于历代城濠基础上逐渐形成的瘦西湖水体已基本定型。除今瘦西湖水体的 A 段和 C 段在唐代已分别作为当时的护城河和城内的官河而出现了之外，B 段和 D 段水体分别是在南宋和明中后期出现的。随着这四段水体的先后出现和被连通，在这四段水体周围的景观也被连接起来。孔尚任在《于臣虎选诗小引》中提到的清初瘦西湖上的几个最重要的景点，平山堂、法海寺、观音寺以及红桥都是在宋元明时期出现并一直延续到后世的。因此南宋元明这几个看似沉寂的时代，其实无论是在瘦西湖水系的发展史上，还是景观的发展史上，都是十分重要的时期。虽然这一时期的景观基本是以郊野风光为其主要特征，但明末蜀冈、保障河周围私家园林的零星出现，为清代瘦西湖湖上园林景观的兴起起到了一定的铺垫作用。而盐商文化、市民文化向这一带的渗透，又为瘦西湖在清中期最终以汇聚了各种文化的文化复合体的形态发展到鼎盛奠定了基础。

2.4 第四阶段：景观的复兴鼎盛时期（清初至乾隆晚期）

清代初期到清代中期，是瘦西湖文化景观的发展与兴盛时期。在这一时期，包括二十四景在内的大部分景观陆续出现在瘦西湖区域，整个水体通过分布于沿湖两岸的私家园林，形成了开放式的湖上园林。瘦西湖也从早期的军事性城濠完全转化为社会各阶层人士所共享的休闲娱乐的文化乐园。以下的内容将把清代中前期作为瘦西湖文化景观形成的重要历史时段加以讨论。

如果从景观文化发展的角度来理解这一时期的景观特征，我们可以发现一个重要的现象，即在社会经济高度发达的情况下，当后人需要对一个具有悠久历史文化但因历经兴衰而致现世已几无物质留存的景观进行复建的时候，很明显地体现出几个重要的步骤：首先是对景观意象的反复确认，即深刻把握景观的发展历史，归纳各时段的标志性景观意象，进而将这些意象融入当下的景观复建之中，具体到对瘦西湖而言，清代的大规模复建活动在很大程度上体现出对前世景观意象的融合和重现。其次，对于景观意象的重现并非全盘复建，而是注重通过在适应当下需求的景观建筑中通过景观的象征性意义来实现，比如盐商的园林、为适应帝王南巡需求而建设的景观，其形制和功能都是具有当代特质的，但通过一些景观命名等文化性举措，就将其与历史联系在一起，体现一种象征性。再次，后世景观的建设，从某种程度上说，也是对景观历史的新发展和重新构建，它在延续历史的同时，也为历史本身加入了全新的内容，清代瘦西湖景观的建设，最后所达到的成就，可谓整个瘦西湖景观发展史上最鼎盛的时期，它创造了新的历史，但同时也再一次对瘦西湖的全部历史文化要素和景观价值进行了一次综合性的突出强调和再现。所以，这一时期瘦西湖景观的发展，准确地说是一种复兴的鼎盛，而这也就是这一时期瘦西湖景观发展的最大意义所在。以下作一些具体的介绍。

2.4.1 顺治至康熙中期——历史文化景观的修复与重建

明末清初,在史可法的统领下,扬州全城抗击清军,在被攻陷之后遭遇了屠城的灾难。因此在清代初期,扬州因兵祸战乱成为了一片废墟,城市昔日的繁华已不复存在。顺治至康熙中期的半个世纪中,清政府与扬州府实行了一系列措施恢复扬州的经济、政治与文化,而瘦西湖水系及其周围的景观也在这段时期得到积极的修缮,并通过历史古迹以及郊野风光的形式表现出了江南文人士大夫的文化定位与身份认同。

今瘦西湖的主要水系在元代至正年间已经形成,于明清时期进入精细化阶段,不断对该水系进行疏浚与改建。清代的扬州城沿袭明城,瘦西湖位于城外西北侧,绵延数十里,又名保扬河、保障湖、炮山河。顺治壬辰(1652)郡人赵有成在莲花埝处建堤[1],湖水在法海桥下曲折相连。清初扬州城的护城河水网已全面贯通,整个水系基本成形。

瘦西湖水系周围的景观在此时进入了修复与整合的阶段。首先,是红桥的得名。红桥初建于崇祯年间,横跨与保障湖之上,因板桥红栏,故称"红桥"。红桥在清初扬州府推官王士禛倡议于此处聚会之前,并无自身的文化资本。作为享有盛名的文化名人,王士禛最初曾在顺治十六年(1659)聚集名士于蜀冈、红桥间,击钵赋诗,游宴不息。康熙元年(1662)、三年(1664)又继续倡率文人雅士于红桥修禊。修禊本为农历三月初三古人至水边嬉游采兰、消除不祥之祭,后逐渐成为文人宴游采风的节日。

---

[1] 参见汪应庚:《平山揽胜志》,广陵书社,2004年,卷三,第53页。

当地人正是利用王士禛的名望来抬高这座桥以及整个城市的地位。正如梅尔清在《清初扬州文化》中所提出的，文人学士赋予景点以新的意义，而景点本身也加速了文人自身传奇的发展[1]。红桥之名在此后也由"红桥"改为"虹桥"[2]。孔尚任在一篇写于1688年的文章中记道：

> 地接城埂，富贵家园亭，一带比列，箫鼓游舫，过无虚日。溪流转处，一桥高挂如虹，为之虹桥。自阮亭先生宴集后，改自曰虹桥，而桥始传。[3]

在王士禛倡导之下，大批文人、画家畅游湖上，吟诗作画，此时的扬州城北郊区域开始盛行冶游之风。这对保障河两岸造园的兴起，也起到了推动作用。王士禛写于1662年的《红桥游记》中描写了当时保障河水系的景致：

> 出镇淮门，循小秦淮折而北，陂岸起伏多态，瞩目蓊郁，清流映带。人家多因水为园亭树石，溪塘幽窈而明瑟，颇尽四时之美。拿小艇，循河西行，林木尽处，又桥宛然，如垂虹下饮于涧，有如丽人靓妆袪服装，流照明镜中，所谓红桥也。[4]

从这段文字可知，在康熙初年，扬州城北的保障河一带人家已经开始在河两岸建造园亭树石。由扬州城北郭，再到法海寺、平山堂，逐渐形成了一条围绕水系所展开的郊外冶游路线。

---

[1] 梅尔清：《清初扬州文化》，复旦大学出版社，2004年，第27-29页。
[2] 关于红桥的更名，又有说法讲乾隆年间的巡盐御史吉庆、普福、高恒相次重建红桥，桥上建过桥亭，"红桥"之名在此时改作"虹桥"。见李斗：《扬州画舫录》，卷十，虹桥录上，161-162页。
[3] 孔尚任：《湖海集》，上海古典文学出版社，1957年，197页。
[4] 《王士禛年谱》，中华书局，1992年，第21页；同时可见汪应庚《平山揽胜志》，卷一，第7页。

红桥景观此时并不仅仅是士大夫阶层提倡风雅、冶游聚会的重要场所。王士禛将自身倡率的红桥修禊与东晋王羲之的兰亭聚会联系起来，当时的文人精英们普遍通过吟诗作赋表达对历史的追忆。王士禛利用红桥与红桥修禊将自己纳入"前朝文人"的代表之列，以红桥来重新构想晚明江南城市的景象。在这种意义上，红桥景观对于清初南方的精英而言具有非同寻常的意义，并在被清朝征服后的政治与文化情境中获得了特殊的地位。红桥因此也成为文化精英联系晚明文化与清初文化的节点[1]。

正如红桥景观因王士禛的红桥修禊而得名，平山堂也因其创建者北宋欧阳修而受到官方的重视，于康熙年间得到修缮与恢复。平山堂地处蜀冈之上，最初兴建于北宋庆历八年（1048），多次被摧毁，又于宋、明间歇性地被重建。舍人汪懋麟与太守金长真于康熙十二年（1673）开始重建平山堂，并修建行春台。从这时起，平山堂进入了大规模修复的进程中[2]。《平山堂图志》记载了平山堂在清初的重建：

> 国朝康熙元年，土人变制为寺，以堂为前殿。十二年，山阴金镇知扬州府事，邑人刑部主事汪懋麟谋重建平山堂于镇。十三年，堂成，置酒召客，四方名贤至者数十人，萧山毛奇龄、宁都魏禧、郡人宗观及镇与懋麟皆有记。会镇迁驿传道，十四年，过扬郡，属懋麟拓堂后地，建镇赏楼。祀宋群贤于上。堂下为讲堂，堂前台高数十尺，复行春之旧，颜其门曰"宋欧阳文忠公书院"。[3]

[1] 继王士禛十年之后，孔尚任游览扬州之际，仿效其召集文人于红桥修禊。孔利用红桥修禊的象征意义将自身纳入了王士禛与其所在的群体中。参见梅尔清：《清初扬州文化》，第82页。
[2] 在之后的乾隆元年又由汪应庚组织重建，并修筑了西园。
[3] 赵之璧：《平山堂图志》，广陵书社，2004年，卷一，第2-3页。

平山堂位于上文提到的扬州冶游线路的中心位置，是时人郊游、登高的好去处。1688年孔尚任的一篇评论中描写了这条线路：从红桥舟行至法海寺，而后步行至平山堂、观音阁；其中平山堂最为重要，红桥、法海寺、观音阁皆为"平山堂之附丽"[1]。从扬州城西北到保障湖直至蜀冈，形成了一片"休闲地带"，它包括了该区域中各式各样的园林、亭台和寺院。整个区域在18世纪中后期演变发展成为了现在意义上的瘦西湖景区。在顺治到康熙初年这段时期，这片"休闲地带"得到了恢复并进行了扩展。例如在1674年平山堂被修缮时，扬州的运河沿岸与蜀冈之上已有许多寺院与私家园林[2]。此时扬州城西北郊的冶游区域已基本成形，而各处景观也已开始构建。例如，在前往平山堂途中的法海寺（后改名为莲性寺）在顺治、康熙初年两度被重建[3]。

对平山堂的修缮是清政府在文化上进行整合的重要的一环[4]。清初围绕该景观的修复活动给文化精英们提供了场所去表现他们的社会关系、文化观与意识形态。对于平山堂及其景致的描述，似乎强调了它在江南文化中的地位。在这种情况下，修缮平山堂不仅是文人雅士感怀历史、确认自身身份的举措，也得到了清初官员的赞助与支持。这一方面标志着扬州在经济和精神的恢复方面步入了新的阶段，另一方面也是南方的文人士大夫阶层象征性调和进程的一部分。按梅尔清的观点来说，重建平山堂是

---

[1] 孔尚任：《于臣虎选诗小引》，收录于《孔尚任诗文集》，中华书局，1962年，第207页。
[2] 参见陈维崧《依园游记》，收录于周韶九编《陈维崧选集》，上海古籍出版社，1994年，第377-379页。
[3] 魏禧《重修法海寺记》，1685年《扬州府志》，卷三十八，第49-51页。
[4] 梅尔清提出这一观点，见《清初扬州文化》，第148页。

官方精英通过诉诸前明精英认同的文化要素，消除记忆中的灾难，为共享的欢乐和仪式重建的共同空间。[5]

此时，从平山堂至莲性寺一段的瘦西湖两岸建有若干充满郊野风光的私家园林与寺院景观。但是需要注意的是，莲性寺以东的中段与南段部分仍尚未开发与兴建重要的景观。面对此种情景，屈复所写的《扬州东园记》中明确记载到：

> 前五十年，余尝登平山堂，北郭园林，连锦错绣。惟关壮缪祠外，荒园一区，古杏二株，扶疏干云日。丛篁蓊密，荆棘森然。[6]

屈复此文写于乾隆九年（1744），所指的"前五十年"即康熙三十三年（1694）。此时的莲性寺东偏仍为荒野之地，而平山堂所处的北郭园林虽连绵错绣，但距离乾隆中期瘦西湖湖上园林的鼎盛时期，仍有一定差距。

该时期的瘦西湖文化景观仍以蜀冈之上的平山堂与保障湖之上的红桥为中心，在这一区域内的景点以南方私家园林为主，依山因水，表现了优美的郊野风光。扬州政府对景观的建设也多集中于恢复与修缮具有重要文化与政治意义的历史古迹，是清初重建南方文化中心、连接地方与中央政府举措的重要部分。

2.4.2 康熙中后期至乾隆后期（1700—1790）——湖上园林风光的鼎盛时期

康熙中后期至乾隆后期，扬州地区随着盐业、漕运的兴盛与商业的繁荣，加上康熙与乾隆的多次巡幸，进入了鼎盛时期，政治、

[1]梅尔清：《清初扬州文化》，第187页。
[2]贺君召：《扬州东园图咏》。

经济、文化再度出现繁荣的局面。扬州成为南北漕运的咽喉和国家中部各省食盐的供应集散地，设立了两淮盐运使，全国各地盐商云集扬州，有利地推动了扬州城市文化的繁盛兴旺以及瘦西湖景观的发展。瘦西湖在这一时期内完全形成了水体、山石、建筑与树木相结合的湖上园林风光。但此时瘦西湖景观的重心已经明显产生了转移。17世纪中后期，文人士大夫因对前朝政治与文化的追溯与怀念，十分关注瘦西湖区域内的历史文化景观；到了18世纪中期，地方官员、盐商们为了迎接帝王銮驾，着力于兴建兼具南北建筑风格的湖上园林，展现出两淮地区盐业与城市经济的高度繁荣。

该时期从平山堂沿保障湖南下，至莲花桥、小金山，再转向南，到大虹桥的这段水系完全形成。例如，雍正十年（1732），扬州知府尹会一主持扩建保障河的工程，"更为凿其断港绝潢，使欸乃相闻，逶迤以至平山以下"。整个工程既扩展了扬州西北郊的名胜景观，又可供该地区运河与城市内河的蓄泄。乾隆十五年（1750）、二十年（1755）、二十六年（1761），巡盐御史吉庆、普福、高恒又相继疏浚保障河水系，拓宽加深。乾隆二十二年，高恒再次主持凿通莲花堤，以通东西水域，并修建了五亭桥，形成今天瘦西湖的局面。高恒不仅再次主导凿通莲花埭，修建了五亭桥，而且还参与了更为浩大的工程：全线整修水系、拓宽瘦西湖，游船可以自天宁寺出发一直往北通往平山堂[1]。这不仅开通了从虹桥、小金山到平山堂下游船的直通水道，又解决了湖上中心地带

---

[1] 赵之璧：《平山堂图志》，卷一，第10页。

南北岸陆行的阻隔。

这几次重浚保障河促使瘦西湖水系的最终确立，为湖上园林的兴起创造了有利的环境。正如《扬州画舫录》谢溶生序文中写道：

> 增假山而作陇，家家住青翠城闉；开止水以为渠，处处是烟波楼台。[1]

保障河水系在历史上曾作为不同时期扬州城濠的各个部分，出于城市防卫功能的需要，但整个水系随着城市变迁与人为的创造，在清代逐渐成为了具有多种社会文化功能的风景胜地。

康熙中后期的瘦西湖景观已经逐渐向湖上园林阶段发展。这与康熙皇帝的南巡有着密不可分的关系。虽然康熙的南巡以视察河患与治理黄、淮为主要目的，但其于康熙二十三年（1684）、二十八年（1689）、三十八年（1699）、四十二年（1703）、四十六年（1707）先后途经扬州，激发扬州地区兴建园林的热潮。在18世纪初，保障河水系由南至北先后建有影园、员园、冶春园、依园、卞园、王洗马园、贺园等名园[2]。例如，贺君召家的东园，建于保障河南岸莲性寺的东侧；卞园、员园建于小金山之后；冶春园建于保障湖大虹桥西岸；王洗马园建于扬州城北门外问月桥西偏；程梦星家的筱园，在保障湖向北折向平山堂那段湖水的西偏。

这几大名园都以其巧妙的造园手法闻名于扬州，展现出浓郁的郊野风情。其中，建于康熙四十九年（1710）乔氏"东园"最为著名，为许多名人雅士所推崇。例如，曹雪芹之祖父曹寅，在

---

[1]李斗：《扬州画舫录》，广陵书社，2010年，谢溶生序。
[2]李斗：《扬州画舫录》，卷一，第10页。

任两淮巡盐御史期间，每至扬州，必到东园盘桓数日，并写有《寄题东园八首》等诗篇。宋荦也在《园记》中写：

> （王士禛）深羡夫东园之晚出而最胜，且以白头撰述，引为身世之幸。[1]

更是以王士禛之言论来形容东园胜景。乔氏东园的主要特征在于它的"野趣"。据张汉瞻《扬州东园记》云：

> 堂后修竹千竿，绿净如洗。由堂绕廊而禧，有楼曰几山，等其上者，临瞰江南诸峰，若在几案，可以俯而凭也……循山径数百步，屡折而南，入于渔庵。前临沧波，可容数十艇。[2]

这种可览瞰诸峰、前临沧波的园林，是传统的江南园林所无法达到的境界，更是突现出瘦西湖沿岸园林依山因水、择地建园的特殊之处。

进入清代中期的乾隆年间（1736—1795），瘦西湖沿岸出现了鼎盛的局面。乾隆六下江南，均驻跸扬州。扬州官员、盐商为迎合帝王，不惜巨资争地构园。盐商们财势雄厚，竞尚奢丽，传承皖南儒商的风雅，纷纷聘请造园名家运用造园艺术手法，在扬州城内与城西北郊水系修造邸宅、园林。在康熙年间所建八大名园基础上，盐商们陆续在沿湖两岸建园，随形得景，互相因借，增荣饰观，使得两岸楼台画舫，十里不断。而整个瘦西湖水系也逐渐成为湖上园林胜地，以供乾隆"品题湖山，流连风景"。

瘦西湖一带园林座座，相接不断，如贺氏东园、净香园等名

---

[1]《重修扬州府志·古迹一》，卷三十。
[2]《重修扬州府志·古迹一》，卷三十，引张汉瞻：《扬州东园记》。

园都置身其中，许多园林都获得皇上御赐的园名、楼堂名的匾额、对联和题诗。从城东三里上方山禅智寺的"竹西芳径"开始，沿着漕河西向延伸到蜀冈中峰大明寺的"西园"，另由大虹桥南向，延伸到城南古渡桥附近的"九峰园"，约有大小园林六十座。特别是从北门城外的"城闉清梵"起，到蜀冈脚下的平山堂坞，楼台不断、园林密集，几无一寸隙地，展现出"两岸花柳全依水，一路楼台直到山"的壮观景象。

这时的湖上园林景观之胜，正如乾隆二十八年（1763）就聘于扬州的沈复所赞：

> 即阆苑瑶池，琼楼玉宇，谅不过如此。[1]

钱咏在《履园丛话》中记述他乾隆五十二年秋到扬州时的情景：

> 自天宁门外起，楼台掩映，朱碧新鲜，宛入赵千里仙山楼阁。[2]

而《水窗春呓》中也记到：

> 计自北门直抵平山，两岸数十里楼台相接，无一处重复。其尤妙者，在虹桥迤西一转，小金山蠡其南，五亭桥镇其中，而白塔一区，雄伟古朴。往往夕阳返照，萧鼓灯船，如入汉宫图画。

瘦西湖的湖上园林，最迟在乾隆三十年（1765）左右，已建有卷石洞天、西园曲水、虹桥揽胜、冶春诗社、长堤春柳、荷蒲

---

[1] 沈复：《浮生六记·浪游记快》，长沙岳麓书社，1991年。
[2] 钱咏：《履园丛话·园林》，卷二十。

熏风、碧玉交流、四桥烟雨、春台明月、白塔晴云、三过留踪、蜀冈晚照、万松叠翠、花屿双泉、双峰云栈、山亭野眺、临水红霞、绿稻香来、竹楼小市、平冈艳雪二十景[1]。至乾隆三十一年（1766）左右，湖上复增绿杨城郭、香海慈云、梅岭春深、水云胜概四景。这些景观被书写于两淮盐运司文宴时的牙牌之上，共为二十四处景致，有二十四景之称。除此之外，沿河还有砚池染翰、柳湖泛春、竹西芳径、华祝迎恩等名景。

二十四景观，为一座座官园或私家园林，有的以景名园，也有的以园多景，均为乾隆游览时所赐，有时一同赐有联、额、诗、章，以石刻供奉于园中。它们多是为了乾隆皇帝巡幸这一特殊目的而修建，遍布于乾隆巡行的路线之上。扬州地区的富庶为景观的兴起起到了推动兼具保障作用。而此时的扬州文化精英也由清初受晚明文化影响的文人士大夫群体向两淮地区的盐商转变。而盐商在支持帝王南巡方面不遗余力，从而掀起了兴建园林的热潮，很大程度上改变了瘦西湖景区的格局。例如，在高桥附近的"华祝迎恩"，是扬州地方政府令淮南北三十总商分工派段修建而成的亭园，设置香亭，奏乐演戏，迎接帝王銮驾。它由城北高桥起，西至迎恩桥，长达二里。两岸排列档子，后背以板墙铺筑，用花瓦修山墙，装饰以层叠曲折的太湖山石和树木；同时，设彩楼、香亭、皆三面飞檐，上面铺有各色的琉璃竹瓦，气势恢弘。

位于瘦西湖水系中段与南段交接位置的长春岭，也是重要的景观之一，为瘦西湖中的小岛。清代中叶，两淮盐政高恒为打通

[1]李斗：《扬州画舫录》，卷十，第120页。

瘦西湖至大明寺的水上通道，在瘦西湖之西北开挖了莲花埂新河，挖河土石堆成了一座小山，便是该岭。后经由盐商程志铨修建，岭的四周环水，岭上遍植梅花，又建六万亭，又称为"梅岭春深"。而距长春岭不远的五亭桥，又称莲花桥，建于清乾隆二十二年（1757），为乾隆第二次南巡时，高恒为迎驾而建。桥上建五个单独的亭子，中央是重檐亭，四角为单檐亭。"上建五亭、下列四翼，桥洞正侧凡十有五。月满时，每洞各衔一月，金色滉漾，众月争辉，莫可名状。"桥体与五亭既表现了北方建筑风格的雄浑，也呈现出南方园林的秀美之色。

瘦西湖景观中也有多个景区聚集于一园的情况，例如徽州盐商江春家的静香园，包括了"香海慈云""荷浦薰风""青琅玕馆"等多个景观。该园建在虹桥以东，园门与"西园曲水"相望。前湖后浦，湖中种红荷，以树木围护，浦中种白荷，以土堤围护。徽商黄履暹的趣园，也包括了"四桥烟雨"和"水云胜概"二景在内。该园内山水亭台相辉映，景致怡人。值得一提的是，黄氏兄弟好构名园，曾经以千金购买造园秘书。所以黄氏在瘦西湖两岸建有多处园林景观。例如，黄履昂于乾隆元年（1738）改虹桥为石桥，而黄履昂之子黄为蒲修筑了"长堤春柳"。该景位于长春岭至虹桥段，为黄为蒲的别墅，于乾隆四十年（1775），转归候选知府吴尊德所有并加以修葺。长堤临水岸边，间种杨柳。多五步一株，十步双树，三三两两，跂立园中。堤上筑"浓阴草堂"，堂左有长廊三四折，廊外遍植桃花，与绿柳相间，景色极佳。

另外，倚虹园在虹桥以南，为盐商洪徵治别业，俗称"大洪园"。该园建于元代崔伯亨花园故址之上，园内包括了"虹桥修禊""柳湖春泛"二景。1765年前后，洪徵治又在大虹桥以东的员园的基础上建"小洪园"，园中筑有芍园、群玉山房、薜萝水榭、契秋阁、委宛山房、修竹丛桂之堂、丁溪、射圃等景点名胜。其中还包括"卷石洞天"一景。该景临水筑太湖石山，建为九狮形，上面装点桥亭。园内外以水相连，以长廊相接，并以叠石取胜，表现了时人所称的"扬州以名园胜，名园以叠石胜"的特征。[1]

位于蜀冈附近的"锦泉花屿"为盐商吴玉山的别业，其中布满水石花树。水流九曲潆洄，水面随时可见多姿多彩的花屿，有铁干虬枝，有疏影横斜，有花团锦簇，有修篁滴翠，造型各异。而"蜀冈朝旭"，为乾隆年间盐商李志勋所建。乾隆于二十七年（1762）临幸时，赐名"高咏楼"。该园置数千太湖石，并移植堡城竹楼十亩，整个景观前景以石胜，后以竹胜，中以水胜。景观内又种植梅柳桂竹，牡丹荷花。春夏之交时节，观者流连忘返[2]。

此外，《扬州画舫录》中记述和提及到徽商所筑建的湖上园林还有歙县盐商后代汪廷璋的"春台祝寿"、吴嬉祖的"万松叠"、汪秉德的尺五楼、程扬宗和巴树保的"白塔晴云"、黄为蒲的韩园、黄为筌的桃花坞、王勋的"杏花村舍"和"邘上农桑"、周楠的"平冈艳雪"和"临水红霞"、程杓的"双峰云栈"、江春东园、毕本恕之毕园等等。上述景观皆为扬州地区盐商供邀宸赏所建，不少园林被乾隆皇帝临幸御览而赐名，许多徽商因此得到了皇帝的虚衔嘉奖，为自己谋取了政治特权，获取了更大的商业利润[3]。

[1] 李斗：《扬州画舫录》，卷六，第75页。
[2] 李斗：《扬州画舫录》，卷十五，第188-189页。
[3] 有关徽商在扬州的造园活动，参见关传友：《从〈扬州画舫录〉看徽商在扬州的造园活动》，《黄山学院学报》2003年11月，第61-64页。

扬州诸盐商,"以重资广延名士为之草创",将金陵、杭州、镇江、苏州、徽州等地的名胜景点加以移植,使得湖上园林蔚为大观。面对此种情形,清乾隆时期江南文坛领袖袁枚评说:

> 自辛未岁天子南巡,官吏因商民孑来之意,赋工属役,增荣饰观,侈而张之。水则洋洋然回渊九折矣;山则峨峨然隆约横斜矣;树则焚槎发等,桃梅铺纷矣;苑落则鳞罗布列。闇然阴闭而霄然阳开矣。倚欤俸哉!其壮观异彩,顾、陆所不能画,班、扬所不能赋也。[1]

因而"杭州以湖山胜,苏州以市肆胜,扬州以园亭胜"成了时人的定评。这一时期的湖上园林的设计与建筑艺术表现有较为明显的特征[2]。第一,是瘦西湖的借景手法,多数景点因水因势而成。瘦西湖水体本身呈现出曲折幽邃、清雅秀丽的特色。两岸景观皆临水而建,各个园林依据自然的湖道、土阜,相形度势,互为因借,又通过水系串联成整体,构成有节奏旋律、统一构图的湖山胜境。

第二,是瘦西湖景观的连贯性。两岸的湖上园林,景观毗连,相互因借,形成了连续构图的整体。在统一基调之下,波澜起伏、一气呵成,同时每段又各抒其长。从天宁寺前御码头至西园曲水为全景的序幕,大虹桥至四桥烟雨一段逐步将游人引入高潮。四桥烟雨是一个安静开阔的水湾,四周以山清水秀的景色、不同体型的建筑和式样各异的小桥组成动人的一角;小金山前面一挡,气势紧凑,水面被分成四支,在小金山西侧半虚半实的钓台长渚,

---

[1]李斗:《扬州画舫录》,袁枚序。
[2]有关瘦西湖景观艺术特征的讨论,参见吴肇钊:《瘦西湖的历史与艺术》,《新建筑》1985年第3期,第16—23页。

将湖光塔影映入眼帘；过五亭桥西，水面以堤分割，迂回曲折，野趣横生，狭长的水面加之两岸危崖涧谷，石壁流淙，似觉已到尽头；但穿过花屿，在砾石沙洲中作四五折而豁然开朗，隐藏在蜀冈上的平山堂、观音山气势雄伟的建筑物已列于前，让人身临"山重水复疑无路，路转峰回又一村"的境界，呈现一片自然质朴的情趣。整个景区的铺展，恰似一轴立体的山水长卷。

第三，瘦西湖景观在空间的组合和划分上也有突出的表现。狭长的水面，通过桥、岛、堤、岸的划分，成为宽、圆、方的许多空间，而在空间的收放、层次的变幻上，显示独特之处，湖两岸的建筑，依山傍水，各园小院相套，自成系统，但又以瘦西湖为共同的空间，视野之开阔为其他的南方园林所不及，而相互呼应的同时又更加紧凑。

另外，瘦西湖园林建筑具有独特的风格，融合了南方山水园林与北方帝王园林的特色，有北方之雄伟，又具南方之秀丽。瘦西湖的亭、台、桥、阁的建筑造型富有扬州地方特色；而五亭桥、白塔等建筑又与北方皇家建筑相似。例如，白塔仿北京北海白塔而建。塔分三层，形似宝瓶。上有鎏金葫芦顶直立云霄，下层壁上环雕石刻十二生肖。与北海白塔的厚重工稳相比，雄壮之气不减，窈窕气质倍增，与瘦西湖景观巧妙地融为一体。这类为迎接皇帝临幸而兴建的园林在发展风格上显现出向皇家宫苑和园林的靠拢。这一方面，由于该时期扬州经济繁华，南北方的造园名师汇聚扬州，带来了南北建筑艺术的交流。另一方面，由于康熙、乾隆的多次巡幸，在瘦西湖建造宫苑、园林，给扬州建筑带来皇家气息。扬州地方精英与盐商，在一定程度上，将整个城市作为朝廷向南方的扩展，使得扬州更加紧密地包括在北京的势力范围内。通过精心仿效北方帝王建筑的风格，使得瘦西湖景观更易于迎合帝王的品位，并由帝王的赏识使得扬州地区的经济、政治进一步发展。

天宁寺行宫的修建，正是这一举措的体现。天宁寺原为扬州古刹之首。始建于东晋，相传寺的前身为东晋时期太傅谢安的别墅，后设宅建谢司空寺，北宋政和二年（1112）得名，后于明代洪武年间（1368—1398）重建。康熙帝南巡曾驻跸天宁寺。康熙四十四年（1705）钦命两淮巡盐御史曹寅在寺内设"扬州诗局"，主持刊刻《全唐诗》等书。乾隆第二次南巡时于寺内建行宫，此后每次南巡均停留于该处。整座行宫包含了装饰性、居住性和休闲性的成分，例如牌楼、宫门、前殿、寝殿、戏台、御花园等。同时，六部、百司等行政性的机构也设置其中，以供帝王南巡之用。天宁寺在康熙时期的重建及乾隆时期行宫的修建，使得它成为扬州与北京之间相互影响的重要场所。李斗的《扬州画舫录》对该行宫有十分详细的描写：

> 杏园大门内土阜，如京师翰林院大门内积沙，房庑如京师八旗官房，房以三间为进，一进一门，以设六位处六部，及百司皆有攸处。中建厅事，周以垣墙，以待军机，耳房张帷帐。……天宁门至北门，沿河北岸建河房，仿京师长连、短连、廊下房及前门荷包棚、帽子棚做法，谓之买卖街。令各方商贾辇运珍异，随营为市，题其景曰"丰市层楼"。[1]

帝王驻跸天宁寺行宫，推动了天宁寺周围区域内以及新城北

---

[1]（清）李斗：《扬州画舫录》，卷四，第53-54页。

部地区的发展。《扬州画舫录》强调了天宁寺周围建筑所具有的北方风格。天宁门到北门之间的运河两岸，还建起了许多集市，为皇家扈从提供物品。这些其实也仿造了京城的模式。天宁寺行宫在一定程度上成为帝权的象征物，标志着帝王与朝廷对扬州的恩惠与控制[1]。1782年，帝王授权编修的《四库全书》编纂完成，其中一套被置于天宁寺行宫皇家花园的文汇阁中。这进一步表明了清代文化正统性在扬州地区的确立。

瘦西湖在清代中期逐渐演变为具有多种社会文化意义的场所。通过一系列湖上园林景观，扬州城的西北郊发展成了一个大型的郊野园林区域。这使得城市空间超越了城池的范围，在社会经济、文化风气等方面在城濠以外得到了有形的成长。首先，瘦西湖区域毋庸置疑作为供人们游览观赏的风景胜地。17世纪到18世纪初那些充满郊野风情的士人私家园林，在乾隆中后期逐渐让位于一些为公共展示而建的兼具南北方建筑风格的盐商园林。

其次，瘦西湖的水体也具有公共休憩空间的功能，成为市民文化的中心。时人邀朋携友，登上画舫，泛舟湖上，既可欣赏风景，又可与友人相聚，在清代中期十分盛行。例如，李斗曾常邀朋聚友，共乘画舫游湖，于瘦西湖之上休闲、娱乐。《扬州画舫录》写到怡性堂舫中聚会的情形：

> 辛卯七月朔，越六日乙巳，客有邀余湖上者。酒一瓮、米五斗、铛三足、灯二十有六、挂棋一局、洞箫一品，篙二手，客与舟子二十有二人，共一舟，放乎中流。有倚槛而坐者，有俯视流

---

[1] 梅尔清：《清初扬州文化》，第219页。

> 水者，有茗战者，有对弈者，有从旁而谛视者，有怜其技之不工而为之指画者，有捻须而浩叹者，有讼成败于局外者，于是一局甫终，一局又起，颠倒得失，转相战斗。有脱足者，有歌者、和者，有顾盼指点者，有隔座目语者，有隔舟相呼应者，纵横位次，席不暇暖。是时舟入绿杨湾，行且住，舍而具食。[1]

此外，随着扬州城市经济的发展，此时的瘦西湖既兼具风景名胜与公共修葺空间外，还是商业活动的中心。旧城小东门内夹河的小秦淮之上是扬州旧城内的繁华胜地，歌楼舞榭，鳞次栉比，遍布茶肆、食肆、店铺、歌楼、妓馆等场所。其中，南柳巷附近的翠花街上为各式珠翠首饰店铺，同时还售女鞋、女衫等等，被李斗形容为"肆市韶秀，货分队别"[2]。瘦西湖虹桥码头附近也是商业活动繁荣的区域。虹桥码头为长堤之始，而长堤之上遍布售卖各种饮食、点心的商贩，可谓"城外声技饮食于是，土风游冶"[3]。例如，李斗《扬州画舫录》中提到的乔姥于长堤卖茶，又称为乔姥茶桌子；还有担糖卖食、各式果子、卖豆腐脑和茯苓糕，夏日卖洋糖豌豆，秋日卖芋头芋苗子；堤上还有玩奇技、演猴戏、叫嗓子肩担戏、耍杂技、裸体相扑、玩西洋镜等[4]。另外，瘦西湖两岸的许多私家园林也具有商业气息。比如某些园主在自己别墅植树种花，售给游客；也有园林景观在亭台中售卖茶点、饮料。这些园林不再是纯粹的私家园林，兼具向社会化发展的性质。这一时期的瘦西湖充满人文历史、商业活动，万象隆富，形成了城

---

[1] 李斗：《扬州画舫录》，卷十二，第143-144页。
[2] 李斗：《扬州画舫录》，卷九，第103-104页。
[3] 李斗：《扬州画舫录》，卷十一，第138页。
[4] 李斗：《扬州画舫录》，卷十一，第138-140页。

市文化和商业生活间积极的互动。

总的来说，扬州历史城濠景观发展到清中期形成瘦西湖湖上园林胜景，不论是从景观内容的丰富，还是景观功能的完备来看，都已经达到了一个巅峰的状态。而瘦西湖在清代后期全面毁于战火，新中国成立之后又被大规模地修复重建，这些基本上都可以归于景观历史的一种延续性的发展，但其发展达到的程度，始终都没有超越乾隆时期的瘦西湖。

2.5 第五阶段：景观的衰落、重建及现状（清后期至今）

毋庸置疑，瘦西湖的发展变化，和扬州这个城市的历史变迁是密切联系在一起的，瘦西湖景观在历史长河中的繁盛、衰败、再兴盛，经历了好几度的轮回，可以说始终与扬州这座城市在历史上的兴衰起伏相伴随。因而许多人将瘦西湖看做是扬州的缩影，从历史感官的角度而言，是完全恰当的。也正因为如此，瘦西湖作为一个景观，也以其承载的丰富厚重城市历史文化记忆，而更显出其巨大的人文价值。然而，清代达到历史鼎盛状态的瘦西湖，在清嘉庆以后迅速衰落的历史，对今人来说的印象无疑最为深刻，一方面当然因为这段历史离我们最近，另一方面也是因为今天的我们都正身处在当下这一轮的瘦西湖（或者扬州城）从衰落到复兴的历史进程之中。

简要概括这一段历史，大致是从清代嘉庆以后，达到鼎盛状态的瘦西湖在种种历史因素的综合影响之下，随着扬州城市的衰败而没落，加之期间经历多次战争的影响，瘦西湖景观被彻底破坏，荡然无存。当然，民国期间，瘦西湖区域内曾经一度有过复建的活动，但总的来说并没有形成大的规模，仅有少数当时修建的建筑，至今还留有些许痕迹。解放后，瘦西湖也并没有立刻迎来它的新生，在很长一段时间内处于沉寂的郊野状态，直到改革开放之后，瘦西湖才又一次真正步上它的重生之路，修复重建工作陆续开展，特别是1988年被定为国家风景名胜区以后，建设发展的步伐进一步加快。

现今的瘦西湖，已经成为扬州这座城市中公认最成熟的一个景观区域，并成为扬州最具标志性的一张城市名片，伴随着扬州城市经济和城市建设的步伐，瘦西湖的发展也在不断深化和继续。我们似乎又看到了一派历史上似曾相识的瘦西湖与扬州携手走向鼎盛的广阔前景，而对于这一次它们能够实现何种程度的辉煌，我们也同样拭目以待。扬州市曾制定了一个从2004年开始直至2020年的"蜀冈—瘦西湖风景名胜区"的长远规划，而在这个总体规划的框架内，又包含一个瘦西湖新区的规划方案，方案以生态、文化、休闲为三大指导性原则，2010年是这一方案的中期规划完成的年限，从今天的瘦西湖所呈现的状态看，在生态、文化、休闲三方面无疑有了不小的进步。但是，这个以旅游开发为目的的规划方案，仍有进一步完善的空间，其最大的问题就是对瘦西湖的历史底蕴和文化内涵的挖掘仍显不够。比如，由于对"乾隆水上游线"的片面强调，很大程度上忽略了瘦西湖其他文化价值层面，特别是瘦西湖与整个扬州古城历史兴衰的深层联系的一面；又如，尽管已经注意到将蜀冈上的平山堂、大明寺等一并纳入开发范畴，但在景观的空间联系上还是存在严重的割裂现象，两者并没有形成一体化的格局；再者，"万花园"景区的建设，虽说实现了生态、休闲的目标，但与瘦西湖的历史面貌相去甚远，存在太多创新和附会之处，其文化内涵难免遭人诟病。因此，如果说目前的瘦西湖景观还存在有待进一步完善的地方的话，那无疑是需要继续深挖其历史文化内涵，赋予其更多的文化价值，而不是停留在表面的旅游功能开发上。

2.5.1 清后期至新中国成立前，瘦西湖景观的衰落

瘦西湖在长期历史积淀的基础上，经过清中期康乾盛世的经营建设，达到了其发展的顶峰。经历了康、雍、乾三代的瘦西湖，其发展无疑是历史上最迅猛的，甚至会让人有种"一夜繁华"的感觉。无奈的是，这"一夜繁华"最后亦成了"黄粱一梦"，瘦西湖从极盛到极衰，竟也是转眼间事。清嘉庆以后，瘦西湖随着扬州城的命运变迁，迅速陷入衰败的境地，而要理解这一时期瘦西湖没落的原因，也必须从整个扬州城的历史情景中去分析。

（1）盐业凋敝盐商式微，扬州城市经济支柱轰然倒塌

清中期以后，原先促进扬州城市发展的有利条件发生了重大的改变，特别是支撑扬州发展的运河、盐业两大基础性优势的丧失，对扬州的城市经济造成了釜底抽薪的严重后果，扬州的经济地位因此一落千丈。

在近代实行海运以前，大运河是中国南方漕粮北上的唯一通道，为了保证漕运制度的正常运转，历朝历代都不惜一切代价力图使运河畅通无阻，清初康、雍、乾时期也不例外。然而，到了嘉庆、道光时，整治工作却无法进行下去，漕运体制趋于瓦解。究其原因，一是运河本身状况每况愈下、日益恶化，运河河床泥

沙淤积严重,有些河段原河底"深丈五六尺高,今只存三四尺,并有不及五寸者,舟只在胶线,进退俱难"[1]。其二,持续了11年的太平天国战争,切断了南北运河航线,漕运因此停运,运河多年无法治理,淤塞更加严重,几近断航。尽管太平天国失败后的第二年(1865),清政府曾尝试恢复漕运,但沿途"节节阻滞,艰险备尝","船户不愿北行"[2]。在"试行河运,迄无成功"的情况下,清政府不得不做出废河运、行海运的决定。1873年清政府令各督抚"酌提本色若干运沪,由海船解津,其余仍照章折解,以省运费,并随时指拨漕折银两采买接济"[3]。至此,尽管漕运体系尚未完全解体,但海运取代河运是大势所趋,运河丧失作为漕运功能的命运已不可避免。1912年津浦铁路通车,对大运河来说更是雪上加霜,津浦铁路的开通极大地提高了华北区域与长江下游区域的货物流通量和流通速度,也取代了运河的运输功能,更加速了运河河运的衰落。以海运、铁路为主沟通南北交通运输遂成定局,为当时众多官员们所普遍认同。许多人认为"铁道轮船交通便利,漕既停,运河尽可缓,不必縻此无用之款"[1]。从此,运河不再发挥南北经济联系的内河航道主干道的作用,运河体系衰落,其历史使命终告完结。

运河体系的解体与崩溃,直接殃及沿线的城市和市镇。一直作为国家"漕运之咽喉""运道要冲"的扬州,在19世纪中叶以后,更是由于运河功能的衰竭,无可避免地上演了一场城市发展的悲

[1]《清史稿》河渠志
[2]《刘坤一遗集》册1,光绪《再续高邮州志》。
[3]《清穆宗实录》卷354
[4]《清朝续文献通考》卷75,国用13,第8328页。

剧。原先接踵而至的商贾，因漕运改道，转而向上海等其他港口城市经商，扬州因为丧失了地理优势地位，其城市经济赖以立足的商贸环境不复存在，致使百业凋零，江河日下。

清初扬州城市经济的发展建立在盐商消费商业的基础之上，而盐商的获利又取决于他们与政府间唇齿相依的关系，建立在政府给予他们垄断特权的基础之上。因此，当政治清平的康雍乾时期，双方还能保持一种较为和谐的关系，城市经济还能被商业带动发展。而当政府陷入一系列政治经济危机时——嘉庆、道光时期，盐商的命运终于被改变。为了摆脱白莲教起义带来的政治和财政危机，清政府加强了对盐商的搜刮。即使在镇压白莲教以后仍不断加重两淮地区的盐课（税）。仅1815年一年的盐课（税）就达800余万两，是乾隆时期的两倍。这种竭泽而渔的办法，无异于把盐商逼上了绝路。再加上各级官吏的勒索，盐商想要维持其奢侈性消费生活的能力大大降低。而且，由于将负担同时转嫁到了生产者身上，使灶丁煮盐几乎无利可图，又直接导致私盐泛滥。而私盐猖獗，又使得正盐难销，商人再也无法获利。扬州盐商真正被逼到"穷邻之月攘以待来年"[2]的境地。在这种盐法败坏，无法收拾，严重损害国家利益的情况下，1838年、1850年，两江总督陶澍、陆建瀛分别在淮北、淮南实行票盐制的盐法改革，取消了自明代以来一直延续下来的盐商垄断特权，并对盐商财产采取了没收的极端办法。这一改革彻底摧毁了盐商奢侈性消费的经济条件和基础。至此，清初扬州显赫一时的盐商消费集团完全解体。

[1] 魏源：《筹鹾篇》。

盐商的式微和盐业的凋敝，对扬州这个城市造成的结果是灾难性的：城市商业机能丧失，服务性行业萎缩，人口外流，城市社会生活失去活力，城市建设因缺乏资金而无法展开，文化萎靡不振。在这样的大背景下，扬州昔日"名园甲江左"的景象再也不复存在了。而瘦西湖这一原本就依托于盐商而盛极一时的景观，其命运发展，更是可想而知。

（2）接连的战争造成毁灭性的破坏

清中期以后的扬州，不仅遭受经济地位衰落的打击，更是遭到接连的战争的创伤，兵燹之灾不断，残酷的战火使得本就萧条的城市变得越发的破败。与经济地位衰落的影响不同，战争造成的影响更为现实和直接，一是对城市基础设施的破坏，二是对城市人口造成的损失。而这两点，恰恰是造成对瘦西湖这一城市景观的深度破坏的最直接因素：园林景致付之一炬，加之战争环境下人们无暇顾及休闲，没有了人的活动，景观存在的价值也就大打折扣，两者共同作用之下，瘦西湖作为一处景观，在战争中遭受的破坏无疑是致命的。

在清中期以后扬州所经历的历次战火中，太平天国战争所造成的破坏无疑是最具毁灭性和最为彻底的一次。1851年太平军自广西兴起，1953年定都南京，此十余年间，太平军在江南与清军展开了拉锯战，这对江南经济、社会带来了严重影响，而扬州也无可避免地受到创伤。当时，清军江北大营的所在地就在扬州，双方你来我往的征战长达11年之久。在此期间，扬州郡城叠陷，几经兵燹之灾，破坏得极为惨烈。倪在田在《扬州御寇录》中感叹道："（扬州）何意柱矢宵流，大枪蹂躏，血肉膏于城烟，庐舍红于烽火,并其屡世经营蕴积之,摧折掷弃,荡无存焉……"[1]战争不只对扬州带来毁灭性的灾难,还对地区经济造成掠夺性摧毁。清军为筹措军饷,首先在扬州地区实行"厘金"之法,公开对商人和百姓进行无休止的盘剥和勒索,扬州城市及周边农村经济因此遭到严重摧残,加上大批市镇被毁几成焦土,扬州城市赖以发展的经济基础几乎荡然无存。以至于战后数十年,扬州仍未能从深重的战争创伤和可怕的阴影中恢复、摆脱出来。

扬州人口在战争期间所受的损失也十分巨大。时人谓:"扬州因死尸堆积如山,不堪其臭,贼退,并入瓜州,官军埋尸,有一二里路之长"[2]扬州城市人口大量减少,数十年内都无法恢复。有学者估计,1893年扬州城市人口可能只有10万。[3]扬州府属仪征、甘泉(1912年并入江都县)、江都三县在战争中人口损失也十分严重。嘉庆十四年,甘泉县的"丁口"数为66.6万,光绪七年减少为24.0万。[4]有学者将战前、战后的时间限别定于咸丰元年和同治四年,从而研究出太平天国战争期间,甘泉县人口损失率高达72.5%。[5]整个扬州在太平天国战争期间遭受的人口损失,由此可见一斑。

太平天国战争对硬件设施的破坏也是空前彻底的。就瘦西湖

[1] 参见《中国近代史资料丛刊》,《太平天国》第4卷,第104页,神州国光社出版,1953年版。
[2] 鹤湖意意生:癸丑纪闻录,太平天国史料专辑,上海古籍出版社,1979年,第515页。
[3] 葛剑雄编,曹树基著,中国人口史(第五卷)复旦大学出版社,2001年,第801页。
[4] (光绪增修)《甘泉县志(一)》,卷4,徐成典、陈浩恩编,中国地方志集成·江苏府县志(第43辑),江苏古籍出版社,1991年。
[5] 葛剑雄编,曹树基著,中国人口史(第五卷),复旦大学出版社,2001年,第464-465页。

一地而言，清中期以前兴建的湖上园林建筑景观，如郧园、小金山、莲花桥桥亭、二十四桥诸景等，无一幸免于这一时期的兵火之灾，几乎全部毁弃，唯一幸免的只有白塔一处建筑。而瘦西湖一带的树木花草景观，此后也因再无人照管，而自任生长、回归野趣。

由于太平天国战争对于扬州的破坏几乎已经到了一个极限，而那次战争之后，扬州城也是一蹶不振，再没有什么新的发展，并且在军事上也不是一个重要的据点，因此其后它虽也经历了抗日战争和解放战争两大战争阶段，但所遭受到的破坏，相对于太平天国那一次来说，已没有那么触目惊心，没有那样的落差巨大，毕竟在废墟之上，已经无法再制造新的废墟了。

抗战期间，由于扬州并不是一个重要的城市，在扬州一地并没有发生大规模的战役，即使在日军占领扬州之后，也没有留下太多的兵力驻扎，据民国二十八年（1939）江都县（扬州解放前旧称）政府情报室主任周秋如《倭寇在扬州两年来之战略战术》一文记述，日寇驻扎在扬州城附近的日军只有五六百人。因此对生活在扬州的人们来说，大致也并没有太多因抗战而留下的战争创伤记忆。

解放战争期间，国民党军队抢占了扬州以后，倒曾一度在这里安扎了重兵。1945年秋，国民党第二十五军黄伯韬部进驻扬州，接受日军投降事宜。一时间，扬州城的驻军人满为患。在一些扬州人的记忆中，当时扬州大大小小的寺庙都住满国民党的军队，甚至在城内外的老百姓家中也住有国民党军队。老百姓不胜其扰，纷纷说："真是赶了东洋兵，又来了'遭殃军'（中央军）。"但所谓战争的影响，也就仅此而已。

再看这一时期的瘦西湖，我们可以想象，它大抵也就是作为一片郊野之地，平静地在战火中度过，偶尔还可见一些郊游的市民、过路驻扎的军队身处其间，此时的瘦西湖，只能静静等待着新的命运篇章的再次掀开。而直至新中国成立后，它才最终等来了期盼已久的新生。

（3）瘦西湖从繁华景区向郊野风光的回归

清代中期以后，随着扬州经济地位的衰落，加之战争的毁灭性破坏，清中期前所形成的瘦西湖景观的鼎盛繁华状况，已经荡然无存。此时的瘦西湖，充其量只是位于清代人口中所说的"僻处江北，斗大一城"的破败扬州城中的一处郊野之地。道光十九年（1839），阮元在《扬州画舫录》后跋中哀叹其为"楼台荒废难留客，花木飘零不禁樵"，可以说是对这一时期瘦西湖的真实写照。

此外，问世于1848年左右的小说《风月梦》，对当时萧条破败的瘦西湖有更为具体的描绘，其中第五回《小金山义结金兰　进玉楼情留玉佩》中写道：

> 众人望着北岸一带荒冈，甚是凄凉。贾铭道："想起当年，这一带地方有斗姥宫、汪园、小虹园、夕阳红半楼、卷石洞天、西园曲水、虹桥修禊许多景致，如今亭台拆尽，成为荒冢。那扬州湖上《竹枝词》内有一首令人追忆感叹：曾记髫年贸棹游，园亭十里景幽幽。如今满目埋荒冢，草自凄凄水自流。"陆书道："小弟因看《扬州画舫录》，时刻想到贵地瞻仰胜景。那知今日到此，如此荒凉，足见耳闻不如目睹。"贾铭道："十数年前，还有许多园亭，不似此日这等荒凉。"

从上面两个例子,我们大致可以对清后期萧条的瘦西湖景象有一个直观的认识,阮元的诗句里提到了荒废的楼台和凋零的花木,而《风月梦》的描述中更是进一步透露了"满目荒冢"的情景。综合两者,一幅破败、荒凉的瘦西湖景象跃然于我们眼前。而这派景象,用"郊野"二字概括再恰当不过。

不论是阮元的诗句,还是《风月梦》的描述,在面对当时荒凉的瘦西湖景象时,都是将其与鼎盛时的状态相比较,从而生出惋惜之情,这自是在情理之中。然而,没有了亭台楼阁的瘦西湖,难道就此失去其魅力和价值了吗?这也不尽然。不管是阮元这样的大文人,还是《风月梦》中把臂同游的书生,还是同样流连于不复往昔的郊野瘦西湖,他们自然不是仅仅为了凭吊古迹,而是因为此时的瘦西湖同样有着吸引他们的地方,有激发他们游兴的景致。

事实上,瘦西湖并不是从来就有亭台楼阁,亭台楼阁也绝不是瘦西湖所以得名的主要原因。从源头上看,它之所以会吸引历代文人雅客乃至普通游人,更重要的还是它本身纯粹的自然风光、水文景观的魅力,而后来陆陆续续的亭台楼阁的修建,都是依势而建的附加修饰而已。亭台楼阁虽然会毁弃,自然景观则是不会消失的。而没有了亭台楼阁的瘦西湖,反倒像是剥离了人工的修饰,呈现出一派返璞归真的自然而纯粹的景象。从这个意义上说,我们可以认为此时向郊野风光转变的瘦西湖,不是一种萧条或破败,反而是一种向原始魅力的回归。

没有了亭台楼阁和湖上园林的瘦西湖,在人们心中的地位始终没有发生改变,这一方面是缘于人们对鼎盛时期瘦西湖的历史记忆,另一方面更是因为受到瘦西湖自然景观的深层魅力的感染。正因如此,自太平天国战争破坏后到新中国成立前,瘦西湖范围内的修复和重建活动时有发生,如光绪年间莲花桥桥亭的重修、小金山部分建筑的复建,民国四年(1915)在桃花坞旧址新建"徐园",民国十年(1921)在凫庄新建"陈氏别墅"和民国二十四年(1935)在长堤春柳土埠西侧新建"叶林"等等。

2.5.2 新中国成立后瘦西湖景观的逐步恢复与新发展

新中国成立后,瘦西湖犹如明珠出土,也由此掀开了它崭新的命运篇章。在党和政府关怀下,瘦西湖经过逐年的修复和重建,再次焕发出耀目的光彩。特别是"蜀冈—瘦西湖风景名胜区"于1988年被国务院公布为第二批国家重点风景名胜区,更是成为瘦西湖新生史上重要的转折点。总的来说,解放后瘦西湖景观的发展经历了恢复建设和创造性开发两个阶段,前者侧重于对文化遗存的修复和保护,对瘦西湖景观的再现起到了最关键的作用,后者则是一种锦上添花的工作,虽然在一定程度上起到了丰富瘦西湖景区景观内容的作用,但恰恰也是这部分工作,比较容易产生偏差,从而陷入过度开发的境地,这主要是由于旅游景区开发片面追求功能性和功利性所致。

新中国成立后,扬州人民政府整修了瘦西湖公园的部分景点,使小金山、五亭桥、白塔等标志性的景点首先以崭新的面貌迎接各方人士。当代作家李进1982年所作《忆扬州》中写道:"歌吹已换昔日萧,明月难寻廿四桥。白塔扰存疑北海,绿杨依旧拂西郊。瘦长碧水天然秀,小巧金山别样娇,我忆扬州夸特色,五亭风景古城标。"该诗所记述的内容,大致反映出了解放后瘦西湖第一阶段修复重建的成果。

瘦西湖第二阶段的修复重建工作始于1987年对熙春台的重建，这一阶段先后建成了白塔晴云景区、玲珑花界、二十四桥景区（1989年建成）、湖西650米长廊、静香书屋等，使五亭桥以西到河曲处，从芦塘野鸭、蓬草杂树，一变而呈现出碧瓦飞甍、玉陛朱栏、花木鲜明的景象，使瘦西湖一带长河为线，沿河古典建筑为缀珠的独特园林风格得以充分体现。

1996年，扬州园林局征用了瘦西湖公园二十四桥景区以北湖两岸5615亩土地，兴建瘦西湖公园北区景区，开通二十四桥景区至大明寺两岸的景区，大致可视作瘦西湖复建的第三阶段。其间，复建了石壁流淙的清妍室，锦泉花屿的香雪亭，蜀冈朝旭的来春堂，万松叠翠的春流画舫，新建了梳妆台、小吹台、东西两座门厅。加上前几年建于石壁流淙的涵碧亭，这样人们不仅可以水路坐船游览到平山堂，也可以从瘦西湖东西两岸度小径且谈且行，漫步到平山堂，圆了扬州人萦绕在心，难以拂去的旧梦，让"两堤花柳全依水，一路楼台直到山"的诗句真正成为现实。

第四阶段的建设始于2007年4月，瘦西湖景区再次进行扩建，相继建成并开放"万花园"景区一期和二期工程。建成后，瘦西湖风景名胜区的区域范围得到进一步拓宽，建成区占地面积达到1173890平方米。是为今日所见之瘦西湖风景区全貌。

对瘦西湖景区的修复建设，秉持一条基本的原则，那就是忠于原貌、复建如初。整个瘦西湖复建的目标，是还原乾隆时期达到顶峰的瘦西湖景象，重现人们对瘦西湖的历史记忆。而复建的难度同样也在于此，因为众所周知，鼎盛时期，遗存的瘦西湖园林建筑景观几乎殆尽。因此，为实现既定的目标，复建工作大致分为三个层次。

首先，是对现有遗存较为完整的建筑的修补工作。如保留基本完好的白塔；清末业已重建过的五亭桥、小金山；对此类建筑采取保护性的修补，不做太大的改动，以保持其原貌。对于民国新建的徐园、凫庄等建筑，相对破坏较小，同样以保护性修补为主，其中在对凫庄的修缮工程中，对部分破坏较为严重的地方，严格参照《扬州揽胜录》中的相关记载予以修复。

其次，对见于历史记载，但已无现实遗存的园林建筑，通过查阅相关档案文献资料，尽可能原汁原味地复原。以二十四桥景区的重建为例。二十四桥景区位于瘦西湖西段，莲花桥至大明寺水道弯折处。昔日沿湖名园有东岸的"水竹居""锦泉花屿"，西岸的"熙春台""筱园花瑞""高咏楼""万松叠翠""尺五楼"等，早已废为田畴，但地形、地貌、河道犹存。1985年重建时，严格参照《扬州画舫录》、中国历史档案馆珍藏的《乾隆南巡盛典》及袁江界画《蓬莱佩境图》等图志资料，在昔日故址重建熙春台、玲珑花界、望春楼，并新建组合桥（新建二十四桥），连接熙春台与望春楼两岸，定名"二十四桥景区"。此外，二十四桥以北至平山堂的瘦西湖公园北区景区，同样也是按照这一原则进行的复建。

最后，对虽见于历史记载但没有充分材料足以帮助原貌重现的景致，利用有限材料，借助想象和创新手法，在不影响瘦西湖整体风貌的前提下，新建部分景观，以填补历史记忆的空白，传达一个丰满的瘦西湖意象和一段完整的瘦西湖历史。目前瘦西湖景区内"万花园"景区一期、二期的建设,即属此范畴。

  复建的原则体现了一种良好的愿望,但实际操作中往往会出现很多不尽如人意的地方。我们不难发现,上述三个层次的开发,越往后越难以把握,越容易出现偏差,事实情况也证明了这一点。能够借助明确历史记载进行复建的地方,其建设相对而言比较成功,比如今天的大红桥至二十四桥景区的部分。但是对于历史记载不明确或者没有记载的部分,在建设时问题就凸现出来了,比如"二十四桥"的建设,就将历史上的众说纷纭简单地转化为一座桥,虽然解决了具体的景观呈现的问题,但其背后的文化意涵却无疑被淡化或者说歪曲了。而比之"二十四桥","万花园"景区的建设则更加天马行空。

2.5.3 瘦西湖景观现状评析

  自从1988年"蜀冈—瘦西湖风景名胜区"被国务院定为国家重点风景名胜区后,瘦西湖景观就进入了新一轮的迅猛发展时期,而2004年以后,瘦西湖景观区域(瘦西湖新区)的建设又纳入了2004—2020年"蜀冈—瘦西湖风景名胜区"总体规划中,在这个长远的规划中,对瘦西湖新区的设计体现出更加宏大、精细化、功能性的特色,提出要把瘦西湖新区建成"国内一流、国际叫得响、融文化、休闲、生态于一体"的著名旅游景区。整个规划分成近期(2004—2007)、中期(2008—2010)、远期(2011—2020)三个阶段,按照这一阶段性划分,目前已经完成了中期建设,并已进入远期建设阶段。那么,现今的瘦西湖景观所呈现的状态究竟如何呢?

  今天的瘦西湖,无疑已经是扬州城中公认最成熟的一个景观区域，同时也是扬州的一张城市文化名片，相较于改革开放以后景观恢复起步阶段的状态，现今的瘦西湖在规划所设定的目标——文化、生态、休闲三个方面都有了不小的进步。对于已经取得的成绩，大家有目共睹，这里也不再赘述。而就目前还存在的不足之处，如果能够再加以重视，才真正对瘦西湖的远期建设有所助益。在我们看来，瘦西湖新区的这样一个以旅游开发为出发点和目的导向的规划方案，就其目前取得的阶段性成果而言，仍有可以进一步完善的空间，而其中最关键的问题就是对瘦西湖的历史底蕴和文化内涵的挖掘仍显不够。

（1）对"乾隆游线"的过度突出，淡化了瘦西湖的深层文化价值

"乾隆水上游览线"是一条形成时间较早，也是相对十分成熟的瘦西湖游览线路，它在客观上确实起到了将瘦西湖景区景点系统联系在一起的作用，也能够凸现瘦西湖水文风光特色，因而已经固化为一种瘦西湖的游览模式。当然，从现实观览瘦西湖的操作性层面来说，"乾隆游线"确实有其功能价值和不可取代性，但是我们也不能因此而忽视了另外一个问题，那就是，对"乾隆游线"的过度突出，加上导游的观览介绍中对乾隆游览事迹的片面强调，比如吹台被诠释成乾隆钓鱼台这样的附会之举，就容易令普通游客形成一个刻板的印象，那就是瘦西湖最主要的文化意涵就在于其与乾隆的关系。当然，这从旅游开发的角度并非就不是一件好事，帝王文化本身就是一个旅游的极大卖点。但是，如果抛开旅游业的功利层面，而进入景观文化的层面，这就显然成为一个问题。

乾隆游瘦西湖，仅仅只是瘦西湖历史文化的一个片段，完全不能够涵盖其全部历史文化价值，而且过度强调乾隆这一要素，还会在很大程度上忽略了瘦西湖其他文化价值层面。比如，历史上的瘦西湖还曾经是文人士大夫重要的文化活动场所，是市民公共活动的空间，这些要素在今天同样有着现实的意义，它们代表瘦西湖还有着文化的传统、有着公共的性质，它并不只是一个高高在上的属于帝王或私人的场所，还是所有人都可以参与其中的公共景观。不仅如此，当谈及瘦西湖的景观价值，我们最不能忽略、最应该重视的一点，是它的景观发展史与整个扬州古城历史兴衰的深层联系，而这一点，仅仅靠一个"乾隆游线"，显然是无法传递的。

总的来说，"乾隆游线"作为一种水上游览的线路存在，是有其合理性的，但通过多样化的游览线路的设计开发，来规避游客对瘦西湖的形成刻板印象的可能，并进而传递更多有关瘦西湖文化价值的内容，则是需要进一步加强的方面。

（2）瘦西湖、平山堂的景观一体化格局尚未形成

我们看到，在瘦西湖新区的发展规划中，设计者已经注意到将蜀冈上的平山堂、大明寺等景点一并纳入瘦西湖新区的规划范畴，这是一条正确的思路。因为从历史上来看，广义的瘦西湖景观区域，就是包括平山堂、大明寺乃至观音山在内的，在很长一段时期内，狭义的瘦西湖区域只是人们通往平山堂（大明寺）、观音山这些景点的一个中间环节而已，甚至可以说，瘦西湖湖上园林景观的兴盛，从源头上来说是和平山堂（大明寺）、观音山的存在直接关联的，可见这些景点对于瘦西湖的意义至关重要。

然而，我们也注意到，尽管规划中将平山堂、大明寺纳入瘦西湖新区的规划范畴，但实际操作上还是将其作为两个分开的景区来打造，可以说，两者在景观的空间联系上还是存在严重的割裂现象，并没有形成一体化的格局。瘦西湖和平山堂所在区域，原来从地理上是完全相连的两个部分，但是目前的状况已经有所改变：原本陆上相连的情况已经被一条新修筑的公路割裂，从而失去了陆上完全连通的条件；尽管如此，其通过水路相连的格局却没有改变，历史上瘦西湖和这些景点之间，是通过水路有机联系在一起，而这种水路沟通的条件至今仍然存在，这成为我们仍然可以将其纳入一体化景观格局的一个有利条件。今天的瘦西湖景区，水上游线最远至景区北门而止，虽距平山堂水程极短，却并不抵达平山堂，而陆上游线则需出景区北门再转去平山堂景区，距离更远。

事实上，通过水路将瘦西湖和平山堂（大明寺）、观音山景区连通的条件完全存在，从二十四桥景区循水路一路向北，经狭长水道可直接进入平山堂下一处圆形开阔水面，此处水域当属历史上九曲池的一部分，从前人们坐船前往平山堂、观音山等地，当就在此处有码头上岸，而今天看来，这一片水域仍是一处条件极佳的码头地形，可惜没有开发利用。我们认为，瘦西湖和平山堂区域的连通，即将目前的水上游览线路延伸至平山堂（大明寺）下码头，就水路条件现状而言完全可行，而且它是真正忠实于历史事实的景观复原取向，能够更全面地反映瘦西湖的历史面貌，传递更完整的瘦西湖景观文化。从瘦西湖申遗的角度来说，要使我们对瘦西湖景观文化的论证落到实处，这也是不可或缺的重要方面。不仅如此，从瘦西湖坐游船可直抵平山堂（大明寺）的这样一条线路开通之后，还具有方便游览的现实功用，并可能有助于扩展平山堂（大明寺）景区的观览客流。

（3）关于"万花园"景区的建设

始建于2007年的"万花园"景区，目前已经完成了一期、二期的建设。万花园建设的初衷，当然也是源自文化、生态、休闲的建设目标，就这一点而言，它自然也取得了一定的成效，而其中最关键的贡献大概就是植物绿化的种植对于生态环境改善的作用，当然这样的一个大公园对于满足游客休闲参观的需求也由一定的作用，但是，如果说到文化层面，万花园的文化内涵就显得有些薄弱。

尽管万花园的建设中也试图在做一些复原瘦西湖历史景观的工作，如试图呈现一些清代鼎盛时期瘦西湖的"二十四景"，比如其中设计建造的"石壁流淙"景观，的确给人气势恢宏的深刻印象。但是，类似于这样一种景观的呈现，深究之下又具有多大的文化价值呢？应该说，"万花园"的建设，更像是在打造一个超大型的盆景，它把各种各样的景观根据现代人的理解杂凑地放在一块儿展示出来，希望尽可能接近原貌，但毕竟不可能做到原地原貌的恢复，而且由于文献资料依据的不足，往往存在太多附会之处。最后，以这样一种方式呈现的场景，与瘦西湖的历史面貌相去甚远，它最终也只能算是一件现代艺术品，很难谈得上有太多的历史文化的价值。另一方面，将这样一件超大型的新鲜盆景与瘦西湖毗邻而放，起到的作用到底是衬托还是喧宾夺主，对整个瘦西湖的景观意境的影响到底是正面还是负面，都是值得进一步讨论的。当然，从瘦西湖历史文化价值的研究以及瘦西湖文化景观申遗的角度来说，万花园无疑是一个需要被剔除的部分，而我们并不建议将万花园景区与目前的瘦西湖景区做太多的联系，或许将其作为一个"城市绿肺"或者"市民公园"来加以定位更加合适一些。

综上所述，如果目前的瘦西湖景观还存在有待进一步完善的地方的话，那无疑是需要继续深挖其历史文化内涵，赋予其更多的文化价值，而不是仅仅停留在表面的旅游功能开发上，做一些功利性太强的工程。相应的，从我们致力于开展的瘦西湖申遗的角度来看，绝不应该再为了迎合旅游开发的现实需要，而打造一些功利性大于文化性的画蛇添足的景观。一个人工打造痕迹过于明显的瘦西湖，只会不断丧失其原有的景观文化优势。

2.6 小结

瘦西湖对扬州历史记忆的保存方式，不仅仅通过自身直接留存，还将这些记忆内化于其中的景观之中，通过层累的方式积淀下来，而后来之人，往往就是通过对于景观的观感，回想古今，凭咏历史，寻回记忆。隋炀帝的江都盛况，虽只如昙花一现，但却以其奢华之城的印象，充实进扬州的历史记忆之中，成为盛唐乃至后世文人凭吊咏古之资。唐代的扬州城，将隋炀帝的理想变成了现实并发扬光大，"扬一益二""二十四桥""扬州梦"，都说不尽扬州极盛之时的无比风流。宋以后，以平山堂的建立为标志，士大夫文化风行，扬州的历史记忆进一步丰满。元明之际，在归于平静的扬州，瘦西湖又以一派郊野景象述说着时代的特征。

明中叶至清中期，扬州因盐商的出现，又一次续写城市历史的巅峰之作，而此时的瘦西湖，也成为"扬州梦"中的一处梦幻之境。清道光后期，扬州城市整体由盛而衰，复被太平天国战火化为焦土，瘦西湖虽不复往日繁盛，却静静等待着命运的再次眷顾。新中国成立后特别是改革开放以来，扬州城逐渐恢复元气，瘦西湖也随之再次焕发出光彩。

从"芜城"到奢华江都，从"扬一益二"到回归郊野，从"扬州梦"到化为焦土，与扬州相伴随的鲜明历史记忆，可以用"一则极盛、一则极衰"来概括，如此颠沛的命运，在中国大大小小的千百个城市中，堪称独一无二。尽管命运多舛，但扬州却始终能够不断地延续其历史文化的传统，并且不断创造新的辉煌，一座城市能够具备如此顽强的生命力，百折不回，着实值得尊重。而在这样一种城市历史传统的延续中，瘦西湖起到的历史记忆承载及其重要价值，更加应该引起重视。

表面上我们看到的，是瘦西湖这一文化景观通过承载扬州的历史记忆，留待后人借助这样一种记忆来延续一度中断的城市历史和文化传统。但从深层次来说，我们更应该关注的是，瘦西湖所承载的还不仅仅只是一种历史记忆，更是一种精神层面的东西，我们或许就可以把它认为是一种扬州的城市精神。扬州历遭毁灭性破坏，这是特定历史时期客观条件作用于扬州的一种外力影响，而扬州的一次次恢复重建，还是要归功于扬州人的主观愿望和内在动力。而这样一种百折不回、永不言弃的内在驱动力的形成，绝不是没有缘由的。我们可以相信，每一个时期恢复重建扬州的人们的内心，都有一个"扬州梦"，它源于对于过去辉煌历史的自豪和骄傲,继而表现为一种以恢复扬州繁荣为己任的责任感。历史上如此,今天亦如此。而瘦西湖作为一种承载历史记忆的文化景观而存在,实际上就是在不断地提醒人们,永远不忘那份自豪和责任。从这个意义上说,瘦西湖这一文化景观的重要价值也就不言自明了。

第 2 章 瘦西湖景观发展的断代研究

后 记

冬 冰

2006年年底,国家文物局公布《中国世界文化遗产预备名单》,跟扬州有关的项目有两个:大运河、瘦西湖及扬州历史城区。2012年9月,这一名单重新调整后公布,扬州从两项增加到三项:大运河、海上丝绸之路、扬州瘦西湖及盐商园林文化景观。

对扬州来说,六年两份名单的背后是,扬州牵头大运河联合"申遗"跑到冲刺线;正式参与海上丝绸之路9城市共同"申遗";扬州地方"申遗"项目路径主题重新明确。

项目及名称的调整只是一个结果,作为参与者、亲历者,我们的团队感受到的是资料收集整理的琐碎辛苦,观点交锋碰撞的认真执著,路径价值苦苦寻觅中的焦虑担忧,峰回路转重生后的豁然开朗。

对那些幸存下来的扬州文化遗产点而言,这六年是其保护水平不断提升的过程:通过"申遗"推动,借助专业机构,按照世界遗产标准要求,扬州相关古建筑、遗址、河道、景观的基本尊严得以维护,保护状态得以改善,抗风险灾害的能力得以加强。

这六年更是扬州文化遗产价值重新发现的过程。扬州是一个对中国封建时代的经济政治文化作出了巨大贡献、产生过重要影响的通史式城市。但在"申遗"之前,罕有把扬州文化放在世界历史进程中,从人类文明演进的高度,对其价值进行梳理、研究、比较、审视。这些年来,借助三项"申遗"项目的带动,国际古迹遗址保护协会、中国建筑设计研究院历史研究所、中国文化遗产研究院、清华大学、同济大学等专业机构的专家与扬州申遗办团队一道，共同探寻扬州遗产的特色、内涵，思考大运河、海上丝绸之路、瘦西湖及盐商园林在中国文化、人类历史发展过程中的作用地位。一次次考察讨论交流碰撞带来了一次次认识上的提高。《世界的扬州·文化遗产丛书》就是三项"申遗"工作进行以来大家认识、思考的积累转化，一章章一节节的陈述判断提炼，共同展示扬州文化遗产价值再发现的初步成果。

成果来源于"申遗"过程，服务于"申遗"目标，更服务于扬州这座城市。近年来，扬州"深刻认识城市文化价值、坚守城市文化理想、突出城市文化特色，取得了遗产保护与城市发展双赢"，城市"人文、生态、精致、宜居"特色愈加明显，以大运河、海上丝绸之路、瘦西湖及盐商园林为代表的扬州文化遗产在城市发展中的地位和作用日益凸显。

"国以人兴，城以文名"。扬州市委市政府提出建设世界名城的奋斗目标，深厚的历史文化资源是扬州迈向这一目标的基础力量。在世界名城建设总体战略总局中，两个重要的着力点是将瘦西湖建成世界级公园、打造以大运河扬州段"七河八岛"为生态核心的江广融合地带生态智慧新城。《世界的扬州·文化遗产丛书》从前所未有的跨领域视角——历史、美学、文献学、遗产学、考古学、建筑景观学、民俗学等，较为系统地分析扬州文化遗产的历史原貌、物质形态、精神气质、布局结构、发展演化、建筑风格、构成要素等内容，并站在人类文明和普世精神的高度，对瘦西湖、大运河扬州段、海上丝绸之路扬州史迹等进行观察和阐述，它的出版将为扬州建设世界名城提供一个广域的参照，诠释扬州这座城市的世界精神，揭示扬州的历史内涵，展现扬州独特的文明价值。

六年来，跟我们一起走过这一过程的有：国家文物局和江苏省文物局的各位领导；国内外专业机构、高校专家及同行；扬州历任市领导；扬州地方文史专家；热爱家乡历史、珍爱古城文化的扬州市民。感谢他们多年来对扬州文化遗产事业的一贯支持，对扬州文化遗产保护研究队伍的指导和帮助，对扬州这座城市多年来无怨无悔的奉献和热爱。

　　本书编写时间紧、任务重，相关资料更是浩如烟海。限于编者的水平，难免挂一漏万，不当之处，恳请读者指正。

2013 年 3 月 1 日